Martin Luther

Sang og Musik

Martin Luther

Sang og Musik

Oversat og tilrettelagt

Finn B. Andersen

Oversat og tilrettelagt: Finn B. Andersen

Forlag: Books on Demand GmbH, København, Danmark
Tryk: Books on Demand GmbH, Norderstedt, Tyskland

ISBN 978-87-430-0177-5

Indholdsfortegnelse

Martin Luther – sang og musik

Sangbøgerne

Lidt afhængig af, hvad man tæller med, har Luther skrevet omkring 40 sange. De fleste så dagens lys i 1524, hvor de første evangeliske sangbøger gik i trykken.

Den første sangbog, der udkom under Luthers medvirken og med hans forord, er *"Geystliche gesang Buchleyn", Wittenberg 1524*. Dette er en korsangbog med et hæfte for hver korstemme. Den blev til ved et samarbejde mellem Luther og komponisten og korlederen Johann Walther. *Den indeholder hele 24 salmer af Luther*.

Luther bruger selv betegnelsen "sange", åndelige sange, fordi ordet "Salmer" er forbeholdt Davids Salmer.

I 1528 udkom sangbogen i en ny udgave med 4 nye sange af Luther og med et nyt forord. Den sidste udgave, der udkom under Luthers medvirken var i 1545, trykt i Lepzig af Valentin Babst og med et nyt forord af Luther. Den indeholder alle Luthers sange og også en særskilt afdeling med begravelsessange og tekster med et

særligt forord af Luther. Denne del med sange og tekster til be-
gravelser var allerede udkommet i særtryk i 1542.

Alle Luthers forord bringes her i en ny oversættelse sammen med
hans forord til Georg Rhaus "Symphoniae iucundae" (Skønne
symfonier) fra 1538 og forordet til Johann Walthers digtsamling
"Lob und Preis der löblichen Kunst Musica" ligeledes fra 1538,
hvor Luther skriver forordet på vers "Fru Musik".

Desuden bringes alle Luthers sange i originaludgaverne sammen
med en ordret dansk oversættelse, som ikke direkte er sangbar,
men til gengæld får alle Luthers tanker med. Det går ofte tabt ved
en gendigtning, som skal passe med versefødderne. I øvrigt findes
21 af Luthers sange gendigtet i Den Danske Salmebog med større
eller mindre held.

Reformationsjubilæet 2017
Cand.theol.
Finn B. Andersen

Martin Luther sætter den evangeliske sangskrivning i gang

Den store opgave med at skrive nye evangeliske sange på moders-
målet sætter Luther for alvor i gang med et brev til Georg Spala-
tin, som var ansat ved kurfyrstens hof som præst og rådgiver. Jo-
hann Dölzig, som nævnes i brevet, var også ansat ved hoffet.

Til Georg Spalatin, januar 1524

(WA Br 3, 220)

Nåde og fred. Jeg har bestemt mig til efter profeternes og de
gamle kirkefædres eksempel, at *skrive tyske salmer for menig-*
mand, nemlig *åndelige sange*, så Guds ord også gennem sangen
kan være hos folk. Vi søger derfor overalt digtere.

Da der nu, hvad det tyske sprog angår, er givet dig både fylde
i udtryk og form, og du ved megen øvelse har opøvet begge dele,
beder jeg, at du heri tager del i arbejdet med os, og forsøger at
omskrive en eller anden af Salmerne til en sang, ligesom du her
har mit eksempel. Og jeg ser gerne, at nye og fine ord udelades,
så at ordene må lyde så enfoldige og velkendte for folk som mulig,
men desuden *klangfuldt og rammende*, så meningen må være klar
og gengive Salmens indhold. *Når man har grebet meningen, må*
man have frihed til at lade Salmens ord ude af betragtning og
finde andre passende ord. Hvad mig selv angår, har jeg ikke så

høj gave, så jeg selv formår at gøre, hvad jeg kunne ønske. Derfor vil jeg forsøge, om måske du skulle være en Heman eller Asaf, eller Jedutun.

Til Johann Dölzig, der ligeledes er rig og dygtig med ord, kunne jeg have det samme ønske– dog kun, hvis I måtte have tid, som dog, frygter jeg, nu ikke vil række til. Du er imidlertid i besiddelse af mine syv bodssalmer og deres udlægning, hvoraf du vil kunne se enhver Salmes indhold og mening. Behager det dig ikke desto mindre, at jeg udvælger en for dig, så skulle det være Salme 6: "Herre, straf mig ikke i din vrede," eller Salme 143: "Herre, hør min bøn." Johann Dölzig kunne så tage Salme 32: "Lykkelig den, hvis overtrædelser er tilgivet." *Jeg har allerede selv oversat Salme 130: "Fra det dybe råber jeg til dig, Herre."* Og Salme 51: "Gud være mig nådig" er allerede afsat. Eller hvis disse er for vanskelige, så tag følgende to, Salme 34: "Jeg vil prise Herren til alle tider," og Salme 33: "Bryd ud i jubel for Herren, I retfærdige," eller Salme 103: "Min sjæl, pris Herren."

Skriv venligst, hvad jeg kan forvente mig af jer. Lev vel i Herren!

Wittenberg 1524.
Martinus Lutherus.

Martin Luthers fortale til Geystliche gesangk Buchleyn 1524

(WA 35, 474-75)

Af dr. Martin Luther.

Det kan ikke være skjult for nogen kristen, at det er godt og Gud velbehageligt at synge åndelige sange. Dette fremgår ikke alene af profeters og kongers eksempel fra Det Gamle Testamente, der med sang og klang, med digte og alle slags strengespil har lovsunget Gud. Det fremgår også af, at brugen af Salmerne har fundet sted fra de tidligste tider i den kristne kirke. Ja, også Paulus fastsætter dette i 1 Kor 14 og han byder menigheden, at de af hjertet skal synge Herren åndelige sange og salmer, for at Guds Ord og den kristne lære på alle måder kan have sin gang og øves.

Som en god begyndelse har jeg og nogle andre derfor sammenskrevet nogle åndelige sange *for at fremme det hellige evangelium*, som nu ved Guds nåde atter er kommet for lyset. Det skal også være en anledning og opmuntring til andre, der formår at gøre det bedre. Så kan vi også rose os af, at *Kristus er vor lovsang*, som Moses gør i sin sang i 2 Mos 15. Vi skal intet andet vide, synge eller tale om end Jesus Kristus, vor frelser, 1 Kor 2.

Sangene er også udsat for fire stemmer. Det har jeg udelukkende gjort, for ungdommens skyld, der jo må og skal lære musik og andre gode kunster. Så har de noget andet at synge end *usømmelige viser og verdslige sange.* I stedet for det kan de lære noget godt, så de kan *få det gode ind med glæde*, som det passer sig for de unge. Det er heller ikke meningen med evangeliet, at al kunst skal jævnes med jorden og ødelægges, som nogle overåndelige mennesker hævder. Jeg ser gerne alle kunstarter, og især *musikken, i hans tjeneste, der har givet og skabt dem.* Jeg beder derfor enhver from kristen om at være åben over for dette og hjælper til at fremme det, hvis Gud har givet evnerne. Det er ellers desværre således overalt i verden, at man er alt for forsømmelig og ligeglad med at *opdrage og uddanne de stakkels unge mennesker.* Vi skal ikke også oven i det lægge hindringer i vejen. Dertil give Gud os sin nåde. Amen.

Åndelige sange
på ny forbedret i Wittenberg. 1528
(WA 35, 475)

Nu har mange vist gode evner og skaffet os flere salmer og gjort det så godt at de langt overgår mig og er mine mestre. Men der er andre, som har gjort det mindre godt. Og jeg ser, at det ingen ende vil få med at tilføje salmer, som enhver finder det for godt.

Desuden ser jeg, at vore første salmer bliver mere og mere *forfalsket* for hver udgave. Derfor er jeg bekymret for, at det vil gå denne lille bog, som det altid går med gode bøger. Ved tilføjelser af folk som ikke forstår sig på det, er de blevet så overlæsset og ødelagt, at man har mistet det gode og kun beholdt det dårlige. Som det fremgår af Lukas 1, har så mange i begyndelsen villet skrive evangelier, at man havde tabt det rette evangelium blandt så mange evangelier. Sådan som er det også gået med Hieronymus' og Augustins og mange andres bøger. Kort sagt: det vil altid være muselort blandt peberet.

For at forebygge dette så godt som mulig har jeg endnu en gang gennemset denne bog og sat vore sange samlet efter hinanden *med udtrykkelig navns nævnelse*. Det har jeg tidligere undladt for at undgå ros, men nu er jeg nødt til det, *for at ikke fremmede og ugudelige sange skal sælges under vort navn.* Derefter er de andre, som vi anser som de bedste og nyttigste, taget med. Jeg beder da og formaner alle, som har det rene ord kært, at de *ikke mere vil forbedre eller forøge* vor lille bog uden vor viden og vilje. Hvis det alligevel uden vor vilje bliver foretaget forbedringer, skal man nu vide, at det ikke er *vor lille bog fra Wittenberg*. Enhver kan jo frit samle og udgive en lille sangbog for sig selv. Må vi så ikke bede om, at vores bog må være som den er, som vi hermed ønsker og giver til kende. Vi vil jo også gerne at vores mønt beholder sin værdi. Lad da hvem som helst gøre sig en bedre, så Guds navn alene må blive prist og æret og vort ikke misbrugt. Amen.

Åndelige sange
Med en ny fortale
af Martin Luther. 1545

(Trykt i Leipzig ved Valentin Babst – WA 35, 475-78)

Dr. M. Luthers formaning.

Nu mange falske mestre salmer digter,

men se dig for, og døm hvorhen de sigter,

hvor Gud opbygget har sin kirke og sit ord,

Djævlen kommer straks derefter med løgn og mord.

Salme 96 siger: "Syng for Herren en ny sang. Syng for Herren al jorden". I Det Gamle Testamente under *Moseloven* var gudstjenesten tung og møjsommelig, da de måtte bringe så meget og mange slags ofre af alt, hvad de havde både i hus og på mark. Dette gjorde folket, som var både dovent og gerrig, meget nødig, eller gjorde alt for timelig vindings skyld. Som profeten Malakias siger i kap. 1: "Hvem er der vel blandt jer som vil lukke en dør uden betaling eller tænde et lys på mit alter?" Men hvor der er et sådan trægt og uvillig hjerte, kan aldeles intet eller i al fald intet godt blive sunget. *Glad og lystig må hjerte og sind være, hvor man skal synge*. Derfor har Gud ladet en sådan tung og uvillig gudstjeneste fare. Han siger jo videre samme sted: "Jeg bryder mig ikke om jer, siger Hærskarers Herre, og jeres offergave tager jeg ikke imod. Fra øst til vest er mit navn stort blandt folkene. Overalt bliver der tændt offerild og bragt rene offergaver i mit navn, for mit navn er stort blandt folkene, siger Hærskarers Herre."

I *Det Nye Testamente* er der nu derfor en bedre gudstjeneste. Om denne synger Salmen: "Syng for Herren en ny sang, Syng for Herren, al jorden". *For Gud har gjort vort hjerte og sind lystig og glad ved sin kære Søn, som han har givet for os til forløsning fra synd, død og djævel.* Den, som for alvor tror dette, kan ikke andet end synge og tale om det med lyst, *så andre også kan høre det og få del i det*. Men hvis nogen ikke vil synge og tale om det, er det et tegn på, at man ikke tror og ikke hører det nye og glade testamente til, men det gamle, træge og triste testamente.

Derfor gør bogtrykkerne vel i flittig at trykke gode sange og med alle slags pryd gøre dem tiltrækkende for folk og tilskynde dem til en sådan troens glæde og gerne til at synge. Sådan som denne udgave af *Valentin Babst* er rigtig smukt tilrettelagt. Gud give at den måtte give den romerske Babst (pave) et stort afbræk og skade, han som ikke har anrettet andet en jammer, sorg og lidelse i hele verden med sine fordømte, utålelige og fordærvelige forskrifter. Amen.

Jeg må dog lige gøre opmærksom på, at den sang, som bliver sunget ved begravelser, "Nu lad os legemet begrave", og som bærer mit navn, ikke er min. Derfor skal mit navn fremover fjernes fra den. Ikke sådan at forstå at jeg forkaster den - tværtimod synes jeg vældig godt om den - og en god digter ved navn Johannes Weis har forfattet den. Ganske vist har han sværmet lidt angående nadveren. Men jeg vil ikke tilegne mig andres arbejde.

Og i "De profundis" (Af dybsens nød) skal der stå: "frygte dig må hver og en". Det er blevet overset eller ændret, så det nu står: "ængste sig må hver og en". Men ordene "ut timearis" er en hebraisk talemåde ligesom i Matt 15: "Forgæves frygter de mig, for det, de lærer, er menneskebud". Og i Salme 14 og 53: De påkalder ikke Gud. Derfor skal de rammes af rædsel for det, som ikke er at frygte for". Det vil sige: De kommer i stor ydmyghed og bukker og knæler i deres gudstjeneste, hvor jeg ingen gudstjeneste ønsker. Sådan er også meningen her. Fordi tilgivelse for synder ikke findes andre steder end hos dig, så burde de lade al afgudsdyrkelse fuldstændig fare og hellere bukke og bøje sig og krybe til korset og holde dig alene i ære og tage sin tilflugt til dig og tjene dig, som de, der lever af din nåde og ikke af egen retfærdighed.

Kristne sange på latin og tysk til brug ved begravelser. Wittenberg 1542

(Trykt ved Joseph Klug. – WA 35, 478-83)

Dr. Mart. Luther til den kristne læser

Paulus skriver til dem i Thessalonika, at de *ikke skal sørge over de døde som de andre, der ikke har noget håb*; men trøste sig med Guds ord som de, der har sikker forhåbning om livet og de dødes opstandelse.

At de sørger, som intet håb har, er intet under. De er ikke at fortænke deri, da de er uden for troen på Kristus, og enten alene må se hen til dette timelige liv, må elske det og ugerne forlade det, eller de må efter dette liv forvente sig den evige død og Guds vrede i Helvede, hvorfor de nødig farer hen.

Vi kristne derimod, som ved Guds Søns dyrebare blod er forløst fra det alt sammen, skal øve os og *vænne os til i troen at agte døden ringe, og betragte den som en dyb, stærk og sød søvn*, og holde kisten ikke for at være andet end vor Herres Kristi skød eller Paradis, graven ikke for andet end en liflig soveseng eller hvileseng. Som det for Gud også i sandhed er sådan, som han siger i Joh 11, 11: "Vor ven Lazarus sover." Og i Matt 9, 24: "Pigen er ikke død, hun sover."

12

Således gør også Paulus i 1 Kor 15, 42-44. Han sætter alle gru-opvækkende anskuelser af døden i vort dødelige legeme ud af be-tragtning, og fremdrager idel venlige og glædelige betragtninger af livet, når han siger: "Hvad der bliver sået i forgængelighed, opstår i uforgængelighed. Hvad der bliver sået i vanære, opstår i herlighed. Hvad der bliver sået i svaghed, opstår i kraft. Der bliver sået et sjæleligt legeme, der opstår et åndeligt legeme".

Af den årsag har vi i vore kirker fordrevet, afsagt og helt ud-renset de pavelige vederstyggeligheder, såsom vigilier, sjælemes-ser, skærsild og alt andet gøgleværk for de døde, og vil ikke mere lade vore kirker være *klagehuse* eller pinesteder, men vi anser dem for at være, som de gamle fædre også kaldte dem, coemete-ria, det er: *sovehuse og hvilesteder.*

Vi synger heller ikke nogen sørgesang eller lidelsessang ved vore døde og ved gravene, men *trøstelige sange* om syndernes forladelse, om de hendøde kristnes ro, soveliv og opstandelse; så vor tro derved må blive styrket og folket opvakt til den rette an-dagt.

Det er også aldeles ret og rimeligt, at man hæderlig omgås med og forretter begravelserne, *den glædelige artikel i vor tro* til lov og pris, nemlig om de dødes opstandelse, og den skrækkelige fjende døden til trods, som så skammelig uden ophør slynger os væk på alle slags rædsomme måder.

Sådan har også, som vi læser, de hellige patriarker Abraham, Isak, Jakob, Josef osv., holdt deres begravelse i ære og med stor flid ladet dem besørge. Dernæst Israels konger. De har anvendt *stor pragt* med hensyn til ligene, med kostelig røgelse af alle slags ædle urter, for dermed at dæmpe den stinkende, skændige død, og for at prise og bekende de dødes opstandelse og således at trøste de svagttroende og sørgende.

Derhen hører også, hvad de kristne hidtil har gjort og endnu gør, hvad lig og grave angår, at man højtidelig bærer dem, smykker, besynger og med *gravminder pryder dem.*

Det bør alt sammen gøres *for den artikels skyld om opstandelsen,* at den må blive fast begrundet hos os, for den er vor sidste, salige, evige trøst og glæde mod døden, Helvede, Djævelen og al bedrøvelse.

I den hensigt har vi også til et godt eksempel *taget de skønne melodier eller sange som er brugt i pavedømmet* ved vigilier, sjælemesser og begravelser, og ladet nogle af dem trykke i denne lille bog, og vil med tiden tage mere deraf. Eller de, som bedre formår det end os, kan tage dem! Dog således, at der *sættes en anden tekst* dertil – for dermed at smykke vor artikel om opstandelsen, intet om Skærsilden med sin pine og fyldestgørelse, for hvilken deres døde hverken kunne få ro eller hvile. *Melodierne og noderne er kostelige, så det ville være en skam, om de skulle forgå. Men teksten eller ordene er ukristelige og upassende – de skal forgå.*

Her, som i alle andre stykker, gør de det langt bedre end vi. *De har den dejligste gudstjeneste,* skønne herlige stiftelser og klostre.

Men den prædiken og lære, som de deri øver, tjener for størstedelen Djævelen og bespotter Gud. For han er denne verdens fyrste og Gud, derfor må han også have det mest misundelsesværdige, bedste og skønneste. Videre har de også kostelige monstranser i guld og sølv og billeder, prydet med klenodier og ædelstene – men indvendig er der dødningeben, som snarere kommer fra røverkulen, end anden steds fra.

Ligeledes har de kostelige kirkeklæder, messehagel, kåbe, kjole, hat og hue. Men hvem er derunder eller dermed beklædt? Dovne kroppe, onde ulve, ugudelige svin, som forfølger og bespotter Guds ord.

Således har de sandelig også megen fortræffelig og skøn musik eller sang, især i klostrene og sognekirkerne. Men de har prydet det med mange *upassende og afguderiske tekster*. Derfor har vi afført og afklædt den skønne musik en sådan afguderisk, død og tåbelig tekst, og *iført den Guds levende, hellige ord*, for med disse toner at synge, prise og ære dette. *Sådan kan musikkens skønne prydelse på denne måde komme til den rette anvendelse og tjene dens kære skaber og hans kristne.* Så Gud må blive lovet og æret, og vi ved hans hellige ord, med liflig sang opvakt i hjertet, forbedret og styrket i troen. Dertil hjælpe os Gud Fader med Søn og Helligånd! Amen.

Dog er det ikke vor mening, at disse noder netop således skal blive sunget i alle kirker. Enhver kirke kan beholde sine noder efter dens bog og brug. For jeg hører ikke selv gerne at et korsvar eller en sang med ændrede noder bliver sunget anderledes hos os, end jeg i min ungdom har været vandt til. – *Det gælder om forandring i teksten, ikke i noderne.*

Gravskrifter

Når man ellers vil ære gravene, så ville det være smukt, at *male eller skrive gode gravskrifter* eller ord fra Den Hellige Skrift over dem på de steder, hvor de er anbragt, så de kan falde dem i øjnene, som følger ligene eller går på kirkegården; nemlig således eller lignende:

> Han er hensovet med sine fædre og forsamlet til sit folk.

> Jeg véd at min løser lever, og han skal opvække mig af jorden – og jeg skal blive omgivet med min hud og skal se Gud i mit kød, osv. Job 19, 25-26.

> Jeg lagde mig og sov, jeg vågnede – for Herren holder mig oppe. Sl 3, 6.

> Jeg ligger og sover i fred. Sl 4, 9.

> I retfærdighed skal jeg skue dit ansigt, mættes ved synet af dig, når jeg vågner. Sl 17, 15.

> Gud vil løskøbe mit liv, han vil drage mig ud af dødsrigets magt. Sl 49, 16.

Dyrebart i Herrens øjne er hans frommes liv. Sl 116, 15.

Så opsluges på dette bjerg sløret, det slør, der ligger over alle folkene, det dække, der er bredt over alle folkeslag; døden opsluges for evigt. Gud Herren tørrer tårerne af hvert ansigt. Es 25, 7-8.

Dine døde bliver levende, deres lig står op. I, der ligger i jorden, skal vågne og juble. For din dug er lysets dug, og jorden bringer dødninge til live. Es 26,19.

Mit folk, gå ind i dine kamre, luk dørene bag dig; skjul dig en kort tid, til vreden er drevet over. Es 26, 20.

De retfærdige går ind til freden, de hviler på deres leje, de der fulgte den rette vej. Es 57.

Mit folk, jeg åbner jeres grave og fører jer op af dem. Ez 37, 12.

Mange af dem, der sover i jorden, skal vågne, nogle til evigt liv, andre til forhånelse, til evig afsky. Dan 12, 2.

Jeg vil udfri dem fra dødsriget, løskøbe dem fra døden. Død, hvor er din pest! Dødsrige, hvor er din sot! Hos 13, 14.

Jeg er Abrahams Gud, og Isaks Gud, og Jakobs Gud. Gud er ikke en Gud for de døde, men for de levende. 2 Mos 3, 6; Matt 22, 32.

Det er faderens vilje, som har udsendt mig, at jeg skal intet miste af alt det, han har givet mig, men jeg skal oprejse det på den yderste dag. Joh 6, 39.

Jeg er opstandelsen og livet, den, som tror på mig, skal leve, om han end dør. Og den, som lever og tror på mig, skal aldrig i evighed dø. Joh 11, 25-26.

Ingen lever sig selv, og ingen dør sig selv. Lever vi, så lever vi for Herren; dør vi, så dør vi for Herren; derfor, hvad enten vi lever eller vi dør, så er vi Herrens. For dertil er Kristus også død og opstanden og igen blevet levende, at han skal være en Herre både over døde og levende. Rom 14, 8.

Håber vi på Kristus alene i dette liv, så er vi de elendigste blandt alle mennesker. 1 Kor 15, 19.

Ligesom de alle dør i Adam, sådan skal de alle i Kristus blive levendegjort. 1 Kor 15. 22.

Døden er opslugt til sejr. Død, hvor er din brod? Helvede, hvor er din sejr? Men dødens brod er synden, men syndens kraft er loven. Men Gud ske tak, som

har givet os sejren ved vor Herre Jesus Kristus. 1 Kor
15, 55–57.

Kristus er mit liv, og døden en vinding. Fil 1, 21.

Ligesom vi tror, at Jesus er død og opstanden, sådan
skal Gud også føre dem, som er hensovet i Jesus, frem
med ham. 1 Thess 4, 14.

Sådanne ord og gravskrifter ville pryde kirkegårdene bedre, end
ellers andre verdslige tegn, skjold, hjelm, osv.
Men hvis nogen er dygtig og oplagt til at sætte sådanne ord på
gode velklingende rim, så ville det bidrage til, at de lettere be-
holdtes i erindringen og så meget hellere blev læst; *for rim eller
vers giver gode vendinger eller ordsprog, som man hellere benyt-
ter sig af, end den ligefremme tale.*

Luk 2.
I fred er jeg nu faret hen,
mine øjne har set mit hjertens ven,
den frelser, som du har bered,
et lys alt for din kristenhed.
Nu sover jeg godt i min grav
indtil min Herres komme.

Luk 2.

Med fred og fryd, når Gud han vil,

i ro jeg lukker øjet til,

og sover sødt udi min grav,

glad i det syn, mig Herren gav,

den frelser, som han har bered

for sin den ganske kristenhed.

Fra ham går evigt lys herind

for alle folk et frelsens skin,

Guds Israel i Paradis

til herlighed og evig pris.

Joh 11.

I Kristus er sandheden og livet

og opstandelsen mig givet.

Den, som på ham tror, livet får,

skønt hans legeme her forgår.

Og den, som lever og som tror

skal aldrig dø – det er Guds ord.

Job 19.

Udi min nød var det min trøst:

Han lever, som har mig forløst,

Han atter mig den gode Gud

omgive skal med kød og hud.

Af jorden som jeg sover i
af døden salig jeg opstår,
og i mit kød jeg Gud skal se,
og det er sandt, og det skal ske.

De tyske sange

Med fred og fryd
Vi tror alle på én Gud
Nu beder vi den Helligånd
Nu lad os begrave legemet

Man kan også synge én af dem, før man forlader graven.
Man kan også bruge en af de latinske sange

Jam moesta quiesce,
Si enim credimus,
Corpora Sanctorum,
Jn pace sumus, &c.

Georg Rhaus "Skønne symfonier"
1538

(Georg Rhaus "Symphoniae iucundae" – WA 50, 368-74)

Martin Luther til alle musikkelskere.

Vær hilset i Kristus! Hvor gerne skulle jeg ikke af hjertet lovprise og anbefale alle *musikken som den guddommelige og aldeles ypperlige gave*, den er. Men jeg er så overvældet af storheden og mangfoldigheden af gode og fine egenskaber at jeg hverken kan finde åbning eller afslutning eller nogen måde at få ordnet stoffet på. Lige så opsat som jeg er på at få lovprist den, lige så fattig og ubehjælpelig er lovprisningen nødt til at blive. For hvem kan vel favne alt? Hvis du forsøgte på at favne alt, ville enden på visen bare blive, at du ikke fik fat på noget.

Nuvel, ser man på sagen selv, så er det første, som springer i øjnene at *musikken lige fra verdens begyndelse af har været indgydt eller indbygget i alle skabninger,* både i hver enkelt for sig og i alle til sammen. Det findes nemlig ikke noget, som er uden tone eller svingningstal. Om det så er luften, som i sig selv er usynlig og umulig at få fat på eller sanse ved nogen af sansernes hjælp. Ja, som er det mindst musikalske af alt, stum som en fisk og uanselig, som den er, selv om den får mund og mæle og bliver til at få fat på, når den bliver sat i bevægelse.

Det er herlige hemmeligheder Ånden antyder her, men dette er ikke stedet til at tale om dem. Men endnu herligere er musikken i levende væsner, især fuglene. Den mest musikalske af alle konger, den benådede salmedigter David var jo slået af undring og var i en opløftet stemning da han i Salme 104, 12 berømmede fuglenes forbløffende dygtighed og sikkerheden i sangkunsten: "Ved bredden bygger himlens fugle deres rede, på grenene sidder de og kvidrer."

Og alligevel - sammenholdt med den menneskelige stemme er det knapt nok musik, noget af dette, så overdådig og ufattelig er storheden og visdommen hos den mageløse Skaber i dette ene fænomen. *Filosofferne har anstrengt sig for at forklare dette fabelagtige instrument, som menneskestemmen er.* Hvordan går det til at luften, når den bare sættes i gang af en aldrig så lille bevægelse med tungen og endnu lettere bevægelse med struben, frembringer denne uendelige variation og artikulation af stemme og ord? Og hvordan går det til, at den styres så kraftig og suverænt af viljen, at det *ikke bare kan høres af alle i vid omkreds, men også kan blive forstået?* Længere end til forsøget kommer de ikke. Løsningen finder de aldrig, de ender i undring og forvirring. Så langt har jo ingen af dem magtet at definere og slå fast, hvad de grundlæggende bestanddele, denne summetone eller dette alfabet af den menneskelige stemme er, f.eks. latteren - for ikke at snakke om gråden. De undrer sig over det, men fatter det, gør de ikke. Men disse spekulationerne over *Guds uendelige visdom* i denne ene del af skaberværket må vi overlade til folk som er bedre skikket og har mere tid at tage af. Vi har bare villet strejfe dem lidt.

Det, vi behøver at sige noget om her, er *brugen af denne store gave*. Men selv det går langt ud over det, den mest elegante veltalenhed hos den mest veltalende kan magte at beskrive, så varieret og anvendelig er den. Den ene pointe, vi kan få med os nu, er det, som erfaringer bekræfter: *Næst efter Guds ord er musikken det, som mest fortjener at prises.* Den hersker jo som dronning og herskerinde over de *menneskelige følelser* - dyrene holder vi uden for i denne sammenhæng. Den tager herredømmet, styrer og fører mennesker.

Større ære end den, som sådan tilkommer musikken, kan ikke tænkes - i hvert fald kan jeg ikke forestille mig det. For enten du skal opmuntre folk som er nedtrykte, forskrække de letsindige, give mod til fortvivlede, nedbøje de overmodige, afkøle folk som er elskovssyge, dæmpe dem, som er forbitrede af had - ja, hvem kan vel opregne *alle disse følelser, impulser eller åndskræfter, som hersker over menneskehjertet og driver folk til godt eller til ondt?* - Kan du tænke dig noget mere *virksomt middel* end musikken?

Selv Helligånden lovpriser den som instrument for sin særlige opgave: I De Hellige Skrifter siger Han jo at Han lod sine gaver flyde ind i profeterne gennem musikken, nemlig tilbøjeligheden til alt det gode. Sådan ser vi det i Elisas tilfælde (2 Kong 3, 15). Den anden side af samme sag: *Den driver Satan på flugt*, han som

24

giver impulserne til alt ondt, sådan som Israels Kong Saul er eksempel på (1 Sam 16, 23).

Derfor var det ikke uden grund at fædrene og profeterne ikke ville have nogen ting fastere knyttet sammen med Guds ord end musikken. Derfor har vi så mange sange og salmer, hvor *ord og tone samvirker i sjælen på den, som hører,* mens det i andre levende væsner og ting blot er musikken, der ytrer sig uden ord. For det er jo kun mennesket, der har fået den gave frem for andre skabninger at kunne *kombinere ord og toner,* for at vi kunne fatte, at vi skulle lovsynge Gud både med ord og musik. *Vi skal forkynde gennem toner og sammenføje ordene med en smuk melodi.* Og hvis du så sammenligner mennesker indbyrdes, vil du se, hvor mangfoldig og varieret *vor mageløse Skaber* er, når det gælder at fordele *de gaver, som har med musikken at gøre.* Så stor forskel er der i stemme og talemåde fra menneske til menneske, at den ene overgår den anden på forunderlig vis. Det lader sig nemlig ikke gøre at finde to mennesker, som i alle dele har ens stemme og måde at tale på, selv om folk ofte synes at efterligne hinanden, som om den ene ville efterabe den anden.

Men når kundskab og kunstfærdig musik lægges til, som korrigerer, udvikler og nuancerer det naturgivne, bliver der for alvor plads til at snakke om forundring - ikke forståelse – for *Guds absolutte og fuldkomne visdom i hans fantastiske værk, musikken.* Særlig bemærkelsesværdig er dette, at en og samme stemme fortsætter med at føre tonen, mens et utal af stemmer samtidig lægger sig omkring den på fantastisk vis, jubler og smykker den med de dejligste triller og fører den frem som et slags guddommelig kor, sådan at de, som i det hele taget lader sig bevæge det allermindste, ikke kan tænke sig noget mere *mirakuløst* i denne verden. Men de, som ikke lader sig bevæge, er virkelig umusikalske og fortjener at lytte til en eller anden møgpoet eller svinenes musik.

Men temaet er for stort til at alle dens velsignelser lader sig beskrive på så lille plads. Men dig, min kære unge ven, anbefaler jeg *denne ædle, gavnlige og glædespredende skabning,* som kan *hjælpe dine følelser* mod tåbelige lyster og dårligt selskab. Desuden kan du vænne dig til at *genkende og lovprise Skaberen i denne skabning.* De fordærvede sjæle, som misbruger denne naturens og kunstens herlige gave, sådan som skamløse digtere gør med *deres skadelige kærlighedssange,* skal du holde dig langt fra. For du kan være sikker på, at det er *Djævelen, som river dem med sig, mod naturen.* Men denne gave vil og bør udelukkende lovprise Gud, dens skaber. Disse utugtige mennesker røver Guds gave og bruger den til at dyrke Guds fjende, som fører krig mod naturen og denne skønne kunst. Lev vel i Herren.

26

Fraw Musica 1538

(WA 35, 483-84)

Fru Musik 1538

Martin Luthers fortale til alle gode sangbøger

Blandt alle glæder på jorden her
ej nogen skønnere findes der,
end den, jeg giver med min sang
og med så megen livsalig klang.
Her onde tanker kan aldrig komme
hvor gode venner synger godt,
her huses ej vrede, had, nag eller nid;
al hjertesorg må forsvinde.
Havesyge, bekymring og anden nød,
må vige med al mismod.
Desuden kan enhver være sikker på,
at denne glæde ikke er synd,
men også behager Gud langt mere,
end nogen anden glæde på jord.
Musikken hindrer Djævelens list
og afværger mange onde ting,
Det bevidner kong David selv,
der ofte beroligede Saul,
med sit smukke, dejlige harpespil,

så han ikke begik et skrækkeligt mord.

Musikken gør hjertet stille og klar

for Guds ord og sandhed.

Det vidner profeten Elisa om,

som fandt Guds Ånd ved harpeklang.

Den bedste tid på året er min,

da synger alle fugle små.

da genlyder himmel og jord

af sangen, som lyder så smukt.

Den kære nattergal fører an,

gør alle sprudlende glade

med sin smukke sang.

Det takker vi den altid for.

Dog højere tak til den kære Gud,

som *skabte nattergalen netop til sang*,

til at være en sangerinde,

ja musikkens mesterinde.

Den springer og synger både nat og dag,

og bliver aldrig træt af at prise Gud.

Ham ærer og priser jeg også med sang,

og bringer ham evigt min tak.

Luthers brev til Ludwig Senfl 1530

(WA Br 5, 639)

Nåde og fred i Kristus.

Selv om mit navn er hadet så meget, at jeg må frygte for, at mit brev ikke vil blive modtaget af dig og læst, min bedst Ludwig, så har kærlighed til musik, som jeg ser dig prydet og begavet af Gud med, overvundet denne frygt. Denne kærlighed har givet mig håb om, at mit brev ikke vil bringe dig nogen fare. For hvem, selv blandt tyrkerne, ville bebrejde den, der elsker kunst og roser kunstneren?

Fordi de fremmer og ærer musik så meget, roser og respekterer jeg ikke desto mindre meget dine hertuger af Bayern, selv om de er negative over for mig. Der er ingen tvivl om, at der er mange kim af gode kvaliteter i deres sind, der bliver påvirket af musik. De, som ikke bevæges af musik, tror jeg, er absolut ligesom stok og sten. For vi véd, at musik også er frastødende og uudholdelig selv for dæmonerne.

Faktisk tøver jeg ikke med at påstå, at med undtagelse af teologi er der ingen kunst, der kan sidestilles med musikken. Bortset fra teologien kan den alene bevirke, hvad ellers kun teologi kan gøre, nemlig *et roligt og glad sind.* Dette ses tydeligt af, at *djæ-*

velen, som er ophavsmand til forstemmende bekymringer og ængstelig uro, flygter ved lyden af musik næsten på samme måde som han flygter ved teologiens ord.

Dette er grunden til, at profeterne ikke gør brug af nogen anden kunstart, end musik. De forbinder ikke deres teologi med geometri eller aritmetik eller astronomi, men med musik, når de *forkynder sandheden med salmer og musik*.

Men hvordan skal jeg nu rose musik og forsøger at skildre, eller rettere komprimere, et så vigtigt emne på sådan et lille stykke papir? Men min kærlighed til musik, som ofte har *oplivet mig og befriet mig fra stor rædsel*, er mægtig og overstrømmende.

Men jeg vender nu tilbage til dig for at spørge, om du har en kopi af denne sang "I fred kan jeg lægge mig og sove." (Sl 4, 9). Vil du da lave en kopi og sende den til mig? Denne sang har glæder mig fra min ungdom og gør det endnu mere nu, hvor jeg forstår ordene. Jeg har aldrig set denne antifoni (vekselsang) arrangeret for flere stemmer.

Jeg ønsker dog ikke, at pålægge dig arbejdet med at arrangere den. Jeg antager, at du har et arrangement til rådighed fra en anden kilde. Jeg håber virkelig, at mit liv er slut. Verden hader mig og kan ikke tåle mig, og jeg væmmes og afskyr til gengæld verden. Derfor må den gode og trofaste hyrde gerne tage min sjæl til sig.

Derfor er jeg allerede begyndt at synge denne antifoni og er ivrig efter at høre den arrangeret. Hvis du ikke har eller kender den, sender jeg dig her noderne. Hvis du vil, kan du måske arrangere den efter min død.

Herren Jesus være med dig for evigt. Amen. Tilgiv min påtrængenhed og mange ord. Bring min respektfulde hilsen til hele dit kor.

Coburg, den 4. oktober 1530
Martin Luther

—

PS: Som svar på denne henvendelse sendte Ludwig Senfl som en klog og erfaren mand, først Luther en anden sang, nemlig over Salmen "Jeg skal ikke dø, men leve og forkynde Herrens værk". Dermed ville han vise, at Gud ville opretholde Luther en tid endnu, så han kunne udbrede hans hellige ord vidt og bredt og bringe det for dagen. Først derefter sendte Senfl ham sangen "I fred kan jeg lægge mig og sove."

Her følger Luthers originale tekst sammen med en ordret oversættelse. Dermed er oversættelsen ikke sangbar, men gengiver derimod Luthers teologi mere præcis.

Martin Luthers sange

1 Ach Got vom Himel, sih darein

Der XII. Psalm, "Salvum me fac Domine".

Salme 12: „Frels mig, Herre". 1523

1 Ach Got vom Himel, sih darein
Und laß dich des erbarmen:
Wie wenig sind der Heil'gen dein,
Verlaßen sind wir Armen!
Dein Wort man nicht läßt haben wahr,
Der Glaub' ist auch verloschen gar
Bei allen Menschenkindern.

2 Sie lehren eitel falsche List,
Was eigner Witz erfindet;
Ihr Herz nicht eines Sinnes ist,
In Gottes Wort gegründet.
Der wählet dies, der andre das,
Sie trennen uns ohn' alle Mass'
Und gleißen schön von außen.

3 Gott woll' ausrotten alle Lehr'r,
Die falschen Schein uns lehren,
Dazu ihr' Zung' stolz offenbar
Spricht Trotz, wer will's uns wehren?
Wir haben Recht und Macht allein,
Was wir setzen, das gilt gemein;
Wer ist, der uns soll meistern?

1 Ak Gud, fra Himlen se herned,
og over os forbarme.
Dine hellige er så få.
Vi er forladt og arme.
Dit ord man ikke holder sandt.
Troen er næsten helt borte
hos alle mennesker på jorden.

2 Man lærer løgn og bedrag alene,
af egen kløgt opfundet.
Indbyrdes er meninger delte.
Ikke begrundet i Guds ord.
Den ene vælger ét, en anden noget andet.
De skiller os ad uden grænser.
Det ydre dog skinner så smukt.

3 Gud vil udrydde alle lærere,
der lærer os falsk hellighed.
Tilmed praler de offentligt
spørger i trods: Hvem vil standse os?
Det er os alene, der har magt og ret.
Hvad vi beslutter, det gælder for alle.
Ingen skal belære os.

4 Darum spricht Gott: Ich muß auf sein,
Die Armen sind verstöret,
Ihr Seufzen dringt zu mir herein,
Ich hab' ihr' Klag' erhöret.
Mein heilsam Wort soll auf den Plan,
Getrost und frisch sie greifen an
Und sein die Kraft der Armen.

5 Das Silber, durchs Feu'r siebenmal
Bewährt, wird lauter funden;
Am Gotteswort man warten soll
Desgleichen alle Stunden;
Es will durchs Kreuz bewähret sein,
Da wird sein' Kraft erkannt und Schein
Und leucht't stark in die Lande.

6 Das woll'st du, Gott, bewahren rein
Vor diesem argen G'schlechte,
Und laß uns dir befohlen sein,
Daß sich's in uns nicht flechte!
Der gottlos' Hauf' sich umher find't,
Wo diese losen Leute sind
In deinem Volk erhaben.

4 Derfor siger Gud: Jeg må gribe ind.
De svage er ladt i stikken.
Deres sukke rører mig dybt.
Jeg har hørt deres klage.
Mit frelsende ord skal på banen
og trøste og støtte dem
og være de svages styrke

5 Sølv viser sin renhed,
når det syv gange prøves i ild.
Gudsordet ligeså,
Som vi altid bier på.
Det vil prøves gennem kors,
For så skinner og kendes dets kraft.
Det lyser klart i verden.

6 Bevar dit ord rent, o Gud,
fra denne onde skare.
Og lad os bevares hos dig,
så de ikke blandes med os.
Disse gudløse folk,
som findes rundt omkring,
og ophøjer sig over dit folk.

2 Aus tieffer not schrey ich zu dir

Der CXXX. Psalm
"De profundis clamavi ad te Domine."

Salme 130:
”Fra det dybe råber jeg til dig, Herre.”

1 Aus tiefer Not schrei' ich zu dir,
Herr Gott, erhoer' mein Rufen,
Dein gnädig' Ohren kehr zu mir,
Und meiner Bitt' sie öffnen!
Denn so du willst das sehen an,
Was Sünd' und Unrecht ist getan,
Wer kann, Herr, vor dir bleiben?

1 Af dyb nød råber jeg til dig
Herre Gud hør min råben.
Vend dit nådige øre til mig,
så du kan høre min bøn.
For hvis du tog hensyn til,
synd og ugerninger, vi har gjort,
hvem kunne da bestå for dig?

2 Bei dir gilt nichts denn Gnad' und Gunst
Die Sünde zu vergeben;
Es ist doch unser Tun umsonst,
Auch in dem besten Leben.
Vor dir Niemand sich rühmen kann,
Des muß dich fürchten jedermann
Und deiner Gnade leben.

2 Hos dig alene nåde og gunst,
har magt til synd at forlade.
Vor anstrengelser er forgæves,
Selv når vi yder vort bedste.
For dig kan ingen rose sig,
men alle må frygte dig,
og leve af din nåde.

3 Darum auf Gott will hoffen ich,
Auf mein Verdienst nicht bauen;
Auf ihn mein Herz soll laßen sich,
Und seiner Güte trauen,
Die mir zusagt sein wertes Wort,
Das ist mein Trost und treuer Hort,
Des will ich allzeit harren.

3 Derfor håber jeg på Gud,
og ikke på mine evner.
På ham skal mit hjerte forlade sig
og stole på hans godhed.
Det blev mig tilsagt ved hans trofaste ord.
Det er min trøst og sikre borg.
Derpå vil jeg altid håbe.

4 Und ob es währt bis in die Nacht
Und wieder an den Morgen,
Doch soll mein Herz an Gottes Macht
Verzweifeln nicht noch sorgen,
So thu' Israel rechter Art,
Der aus dem Geist erzeuget ward,
Und seines Gott's erharre.

4 Og tager det end natten med
og næste dag tillige,
På Guds almagt mit hjerte dog
ej fortvivler eller sørger
Sådan gør det sande Israel,
der er født af Ånden
og håber på sin Gud.

5 Ob bei uns ist der Sünden viel,
Bei Gott ist viel mehr Gnade;
Sein' Hand zu helfen hat kein Ziel,
Wie groß auch sei der Schade.
Er ist allein der gute Hirt,
Der Israel erlösen wird
Aus seinen Sünden allen.

5 Og selv om vi har megen synd,
hos Gud er langt mere nåde.
Hans ressourcer har ingen mål,
om skaden er aldrig så stor.
Alene han er den hyrde god,
som vil fri Israel ud
af alle sine synder.
(1524)

3 Christ lag in Todes banden

"Christ ist erstanden", gebessert. D. Mart. Luther. 1524

1 Christ lag in Todesbanden,
Für unsre Sünd' gegeben,
Der ist wieder erstanden
Und hat uns bracht das Leben.
Des wir sollen fröhlich sein,
Gott loben und dankbar sein
Und singen: Halleluja!
Halleluja!

2 Den Tod Niemand zwingen konnt'
Bei allen Menschenkindern;
Das macht alles unser' Sünd',
Kein' Unschuld war zu finden.
Davon kam der Tod so bald
Und nahm ueber uns Gewalt,
Hielt uns in sei'm Reich gefangen.
Halleluja!

3 Jesus Christus, Gottes Sohn,
An unser Statt ist kommen,
Und hat die Sünde abgethan,
Damit dem Tod genommen
All sein Recht und sein' Gewalt,
Da bleibt nichts denn Tod's Gestalt,
Den Stachel hat er verloren.
Halleluja!

"Christ ist erstanden", forbedret. Dr. Mart. Luther.

1 Kristus i dødslænker lå,
hengivet for vore synder.
Men han er genopstået
Og har vundet livet til os.
Derfor skal vi glæde os
Og lovprise og takke Gud,
Og synge: Halleluja!
Halleluja!

2 I hele menneskeslægten var ingen,
der kunne besejre døden.
Det skyldes vore mange synder.
Ingen er uskyldig.
Derfor er døden total
Og har alle i sin magt.
Holder os fanget i sit rige.
Halleluja!

3 Jesus Kristus, Guds Søn,
er trådt i vort sted.
Han har taget synden bort
Dermed har han frataget døden
Al dens ret og magt.
Tilbage er kun en skygge.
Dødens brod er væk.
Halleluja!

4 Es war ein wunderlicher Krieg,
Da Tod und Leben rungen;
Das Leben, das behielt den Sieg,
Es hat den Tod verschlungen.
Die Schrift hat verkündet das,
Wie ein Tod den andern fraß,
Ein Spott der Tod ist worden.
Halleluja!

5 Hier ist das rechte Osterlamm,
Davon Gott hat geboten,
Das ist dort an des Kreuzes Stamm
In heißer Lieb' gebraten;
Des Blut zeichnet unsre Tür,
Das hält der Glaub' dem Tod für,
Der Würger kann nicht würgen.
Halleluja!

6 So feiern wir dies hohe Fest
Mit Herzens Freud' und Wonne,
Das uns der Herre scheinen läßt;
Er ist selber die Sonne,
Der durch seiner Gnaden Glanz
Erleucht't unsre Herzen ganz,
Der Sünd' Nacht ist vergangen.
Halleluja!

7 Wir essen nun und leben wohl
In rechten Osterfladen;
Der alte Sauerteig nicht soll
Sein bei dem Wort der Gnaden.
Christus will die Koste sein
Und speisen die Seel' allein;
Der Glaub' kein's andern lebet.
Halleluja!

4 Det var en underfuld kamp,
da liv og død de brødes,
Livet vandet sejren
Og udslettede døden.
Skriften forkynder det,
Hvordan en død besejrede døden.
Døden er nu blevet til spot.
Halleluja!

5 Her er det rette påskelam,
som Gud har bebudet.
Her på korsets træ
stegt i brændende kærlighed.
Lammets blod er tegnet på vor dør.
Troen holder det op mod døden.
Dræberen kan ikke dræbe.
Halleluja!

6 Så fejrer vi da påskefest
med hjertets fryd og glæde,
fordi Herren lader det lysne for os.
Han er selv solen,
Som ved sin nådes glans
Oplyser vort hjerte helt.
Syndens nat er forbi.
Halleluja!

7 Vi spiser nu og lever godt
I det rette påskebrød.
Den gamle surdej har ingen plads
Sammen med nådens ord.
Kristus vil være vor eneste næring
Og sjælens føde alene.
Troen lever ikke af andet.
Halleluja!

4 Christ, unser Herr, zum Jordan kam

Ein Geistlich Lied, Von unser heiligen Tauffe, Darin fein kurtz gefasset, Was sie sey, Wer sie gestifftet habe, Was sie nütze, etc. D. Mart. Luther. (1541).

1 Christ, unser Herr, zum Jordan kam
Nach seines Vaters Willen,
Von Sanct Johann's die Taufe nahm,
Sein Werk und Amt zu 'rfüllen.
Da wollt' er stiften uns ein Bad,
Zu waschen uns von Sünden,
Ersäufen auch den bittern Tod
Durch sein selbst Blut und Wunden,
Es galt ein neues Leben.

2 So hört und merket alle wohl,
Was Gott heißt selbst die Taufe,
Und was ein Christen glauben soll,
Zu meiden Ketzer Haufen:
Gott spricht und will, das Wasser sei
Doch nicht allein schlecht Wasser,
Sein heiligs Wort ist auch dabei
Mit reichem Geist ohn Massen,
Der ist allhie der Täufer.

3 Solchs hat er uns beweiset klar,
Mit Bildern und mit Worten,
Des Vaters Stimm man offenbar
Daselbst am Jordan hörte.
Er sprach: das ist mein lieber Sohn,
An dem ich hab Gefallen,
Den will ich euch befohlen han,
Daß ihr ihn höret alle

En åndelig sang, om vor hellige dåb, hvori kort er sammenfattet, hvad den er, hvem, der har indstiftet den, og hvad den udretter, osv. M. Luther (1541).

1 Kristus vor Herre til Jordan kom
efter sin Faders vilje.
Han modtog dåben fra Sankt-Hans,
For at opfylde sit kald og gerning.
Han ønskede at indstifte et bad til os,
for at rense os fra synden.
Han druknede her den bitre død
ved sit eget blod og sår,
for at skænke et helt nyt liv.

2 Så hør nu alle, læg mærke til,
hvad Gud selv kalder dåben.
Og hvad en kristen har at tro,
for at undgå kætterier.
Gud taler og vil: vand skal der til.
Dog ikke kildevand alene,
for hans hellige ord er også derved,
med hele Åndens fylde.
Han er selv den, der døber.

3 Det tydeligt for os er gjort
med billeder og med et ord.
Faderen sin stemme lod lyde
ved Jordanfloden så højt.
Han sagde: Det er min kære søn,
I hvem jeg har velbehag.
Til ham jeg henviser jer,
for at I alle skal høre ham

Und folget seinen Lehren.

4 Auch Gottes Sohn hie selber steht
In seiner zarten Menschheit,
Der heilig Geist hernieder fährt
In Taubenbild verkleidet;
Daß wir nicht sollen zweifeln dran,
Wenn wir getaufet werden,
All' drei Person getaufet han,
Damit bei uns auf Erden
Zu wohnen sich ergeben.

5 Sein Jünger heißt der Herre Christ:
Geht hin all Welt zu lehren,
Daß sie verlor'n in Sünden ist,
Sich soll zur Busse kehren;
Wer glaubet und sich taufen läßt,
Soll dadurch selig werden,
Ein neugeborner Mensch er heißt,
Der nicht mehr konne sterben,
Das Himmelreich soll erben.

6 Wer nicht glaubt dieser großen Gnad,
Der bleibt in seinen Sünden,
Und ist verdammt zum ewgen Tod
Tief in der Höllen Grunde,
Nichts hilst sein eigen Heiligkeit,
All sein Thun ist verloren.
Die Erbsünd machts zur Nichtigkeit,
Darin er ist geboren,
Vermag ihm selbst nichts helfen.

og følge hans lære.

4 Guds Søn står her selv
i sin skrøbelige menneskehed.
Helligånden daler ned
i forklædning som en due.
Derfor skal vi ikke være i tvivl,
når vi selv bliver døbt,
At alle tre personer døber os,
så de hos os på jorden
kan berede sig en bolig.

5 Herren Krist byder disciplene:
Gå ud i alverden at lære,
at de er fortabt i synden
og skal omvende sig i bod.
Den, der tror og bliver døbt,
skal derved blive frelst.
Et genfødt menneske er,
som ikke mere kan dø,
men arver Himmerige.

7 Den, der ikke tror en nåde så stor,
forbliver i sine synder,
fordømt til den evige død
i Helvedes afgrund og mørke.
Hans egen hellighed hjælper ej.
Al hans gerning er forgæves,
for arvesynden gør det til intet.
I den er han jo født
og kan ikke frelse sig selv.

7 Das Aug' allein das Wasser seiht,
Wie Menschen Wasser gießen,
Der Glaub im Geist die Kraft versteht
Des Blutes Jesu Christi,
Und ist für ihm ein rothe Fluth
Von Christus Blut gefärbet,
Die allen Schaden heilen tut
Von Adam her geerbet,
Auch von uns selbst begangen.

7 Øjnene ser alene vandet,
som mennesker døbes med.
Men troen i ånden forstår,
kraften i Kristi blod.
Dåben er for ham den røde flod,
farvet af Jesu Kristi blod,
der heler hver en skade,
som vi fra Adam fik i arv
og dem, vi selv har begået.

5 Christum wir sollen loben schon

Der Hymnus "A solis ortus"
durch Mart. Luther verdeuscht.

Hymnen "A solis ortus"
oversat af Martin Luther.

1 Christum wir sollen loben schon
Der reinen Magd Marien Sohn,
So weit die liebe Sonne leucht't
Und an aller Welt Ende reicht.

1 Kristus vi vil love nu,
den rene Jomfru Marias søn,
så langt som solen lyser her,
i alle lande fjernt og nær

2 Der selig Schoepfer aller Ding'
Zog an ein's Knechtes Leib gering,
Dass er das Fleisch durch's Fleisch erwuerb',
Und sein Geschoepf nicht all's verdueb'.

2 Den salige skaber af alle ting
sig tjeners skikkelse påtog,
blev kød, for at dræbe kødet,
så al hans skabning ej forgik.

3 Die goettlich Gnad' vom Himmel gross
Sich in die keusche Mutter goss;
Ein Maegdlein trug ein heimlich Pfand,
Das der Natur war unbekannt.

3 Den store guddommelige nåde
fra himlen indgød sig i den rene mø
et hemmeligt pant hun bar,
ukendt for naturen.

4 Das zuechtig Haus des Herzens zart
Gar bald ein Tempel Gottes ward,
Die kein Mann ruehret noch erkannt',
Von Gott's Wort man sie schwanger fand.

4 Hendes hjerte purt og kysk.
blev straks et tempel for Gud
den rene mø, helt uberørt
ved Guds ord svanger man fandt.

5 Die edle Mutter hat gebor'n,
Den Gabriel verhiess zuvorn,
Den Sanct Johann's mit Springen zeigt,
Da er noch lag im Mutter Leib.

5 Den ædle mor har født,
hvad Gabriel forkyndte
Sankt Hans med hop det viste,
da han lå i sin moders liv.

6 Er lag im Heu mit Armuth gross,
Die Krippen hart ihn nicht verdross,
Es ward ein klein Milch sein Speis',
Der nie kein Voeglein hungern liess.

6 Han lå på strå i ringe kår
men krybben hård han ej fortrød,
en kvindes mælk blev budt ham her,
han, som selv mætter hver en lille fugl.

42

7 Des Himmels Choer' sich freuen drob,
Und die Engel singen Gott Lob,
Den armen Hirten wird vermeld't
Der Hirt und Schoepfer aller Welt.

8 Lob, Ehr und Dank sei dir gesagt,
Christe gebor'n von reinen Magd,
Mit Vater und dem heil'gen Geist
Von nun an bis in Ewigkeit!

7 Det himmelske kor lod glæden lyde
englene sang til Guds lov og pris
for fattige hyrder han nu er født:
hele verdens hyrde og skaber.

8 Lov, pris og tak til dig vi bærer,
Kristus, født af den rene mø;
med Faderen og Helligånden,
fra nu og i al evighed!

6 Ein feste Burg ist unser Gott

Der XLVI. Psalm
"Deus noster refugium et virtus."

Ein' feste Burg is unser Gott
Martin Luther, 1529

1 Ein feste Burg ist unser Gott,
Ein gute Wehr und Waffen;
Er hilft uns frei aus aller Not,
Die uns jetzt hat betroffen.
Der alt' böse Feind,
Mit Ernst er's jetzt meint,
Groß' Macht und viel List
Sein' grausam' Rüstung ist,
Auf Erd' ist nicht seingleichen.

2 Mit unsrer Macht is nichts getan,
Wir sind gar bald verloren;
Es steit't für uns der rechte Mann,
Den Gott hat selbst erkoren.
Fragst du, wer der ist?
Er heißt Jesu Christ,
Der Herr Zebaoth,
Und ist kein andrer Gott,
Das Feld muß er behalten.

3 Und wenn die Welt voll Teufel wär'
Und wollt' uns gar verschlingen,
So fürchten wir uns nicht so sehr,
Es soll uns doch gelingen.
Der Fürst dieser Welt,
Wie sau'r er sich stellt,
Tut er uns doch nicht,
Das macht, er ist gericht't,

Salme 46:
"Gud er vor tilflugt og styrke".

Vor Gud han er så fast en borg
Martin Luther 1529

1 Vor Gud han er så fast en borg,
et sikkert værn og våben.
Har hjulpet os ud af al nød,
Som endnu har os mødt.
Den gamle, vrede fjende
er nu for alvor vred.
Stor magt og megen list
Er hans beskidte tricks.
Hans ligemand findes ikke.

2 Vor egen magt er intet værd,
vi taber alt for hurtigt.
Men den rette person kæmper for os,
Ham, som Gud selv har udkåret.
Vil du vide, hvem det er?
Det er Jesus Krist,
Hærskarers Herre.
Der er ingen anden Gud.
Sejren er hans.

3 Og var end verden med djævle fyldt,
som ville opsluge os helt,
så er vi dog ikke særlig bange.
Vi skal nok klare os.
Denne verdens fyrste,
Hvor gal han end er,
Så kan han dog ikke skade os.
Hans herredømme er brudt.

Ein Wörtlein kann ihn fällen.

4 Das Wort sie sollen laßen stahn
Und kein'n Dank dazu haben;
Er ist bei uns wohl auf dem Plan
Mit seinem Geist und Gaben.
Nehmen sie den Leib,
Gut, Ehr', Kind und Weib:
Laß fahren dahin,
Sie haben's kein'n Gewinn,
Das Reich muß uns doch bleiben.

Et enkelt ord kan slå ham omkuld.

4 Det ord skal de nok holde sig fra,
uden at vi takker dem for det.
For Kristus er hos os i kampen
Med sin Ånd og gaver.
Og tager de vort liv,
ejendele, ære, børn og ægtefælle,
så pyt nu med det!
Det gavner dem intet,
For Guds rige er vort.

7 Der du bist drei in Einigkeit

Hymnus "O lux beata."
verdeuscht durch D. Mart. Luther.

Hymnen "O salige lys"
oversat dr. Mart. Luther.

1 Der du bist drei in Einigkeit,
Ein wahrer Gott von Ewigkeit;
Die Sonn' mit dem Tag von uns weicht:
Lass leuchten uns dein goettlich Licht.

1 Du, som i trefoldighed
er én sand Gud fra evighed;
dit guddomslys lad hos os bo,
når sol og dag nu gå til ro.

2 Des Morgens, Gott, dich loben wir,
Des Abends auch beten fuer dir,
Unser armes Lied ruehmt dich
Jetzt und immer und ewiglich.

2 Hver kvæld, hver gry opsvinger sig
vor bøn og tak, o Gud, til dig;
vor arme sang skal prise dig
nu, altid og evindelig.

3 Gott Vater, dem sei ewig Ehr,
Gott Sohn der ist der einig' Herr,
Und dem Troester heiligen Geist,
Von nun an bis in Ewigkeit.

3 Gud Fader være evig ære
Guds Søn, der er den ene Herre,
og Helligånden vor trøster;
fra nu og i al evighed!

8 Dis sind die heil'gen zehn Gebot

Die zehen Gebot Gottes, lange

1 Diess sind die heil'gen zehn Gebot',
Die uns gab unser Herre Gott
Durch Mosen, seinen Diener treu,
Hoch auf dem Berg Sinai.
Kyrioleis!

2 Ich bin allein dein Gott der Herr,
Kein' Goetter sollst du haben mehr,
Du sollt mir ganz vertrauen dich,
Von Herzengrund lieben mich.
Kyrioleis!

3 Du sollt nicht brauchen zu Unehr'n
Den Namen Gottes, deines Herrn;
Du sollt nicht preisen recht noch gut,
Ohn' was Gott selbst red't und thut.
Kyrioleis!

4 Du sollt heil'gen den siebent' Tag,
Dass du und dein Haus ruhen mag,
Du sollt von dei'm Thun lassen ab,
Das Gott sein Werk in dir hab'.
Kyrioleis!

5 Du sollt ehr'n und gehorsam sein
Dem Vater und der Mutter dein,
Und wo dein Hand ihn'n dienen kann,
So wirst du lang's Leben han.
Kyrioleis!

6 Du sollt nicht toedten zorniglich,
Nicht hassen noch selbst raechen dich,

De Ti Bud, lang udgave.

1 Dette er de hellige ti bud,
som os har givet vor Herre Gud
ved Moses sin trofaste tjener,
på Sinaj bjerg.
Herre forbarm dig!

2 Din Herre og Gud er alene jeg,
til andre guder forvild dig ej.
mig skal du elske af hjertens grund
og stole på mig til din sidste stund.
Herre forbarm dig!

3 Du må ikke bruge til vanære,
Herren din Guds navn,
ej prise noget som godt og ret,
når jeg ej så måtte kalde det.
Herre forbarm dig!

4 Den syvende dag skal du hellige,
så du og dit hus får hvile;
dit arbejde skal du lade ligge,
så Gud kan gøre sit værk i dig.
Herre forbarm dig!

5 Din fader og din moder,
skal du ære og adlyde;
din hånd dem tjene, hvor den kan
på jorden du da længe leve skal.
Herre forbarm dig!

6 Slå ingen ihjel i vrede,
ikke hade eller hævne dig selv,

Geduld haben und sanften Muth
Und auch dem Feind thun das Gut'.
Kyrioleis!

7 Dein' Eh' sollt du bewahren rein,
Dass auch dein Herz kein andere mein',
Und halten keusch das Leben dein
Mit Zucht und Maessigkeit fein.
Kyrioleis!

8 Du sollt nicht stehlen Geld noch Gut,
Nicht wuchern Jemands Schweiss und Blut;
Du solt aufthun dein' milde Hand
Den Armen in deinem Land.
Kyrioleis!

9 Du sollt kein falscher Zeuge sein,
Nicht luegen auf den Naechsten dein,
Sein' Unschuld sollt auch retten du
Und seine Schand' decken zu.
Kyrioleis!

10 Du sollt dein's Naechsten Weib und Haus
Begehren nicht, noch etwas d'raus,
Du sollt ihm wuenschen alles Gut',
Wie dir dein Herz selber thut.
Kyrioleis!

11 Die Gebot, all' uns geben sind,
Dass du dein Suend', o Menschenkind,
Erkennen sollt, und lernen wohl,
Wie man fuer Gott leben soll.
Kyrioleis!

bevar et fromt og tålmodigt sind,
gør også vel imod fjenden din.
Herre forbarm dig!

7 Dit ægteskab skal bevares rent,
i dit hjertet også ligeså,
kysk skal du leve livet
med tugt og mådehold fin.
Herre forbarm dig!

8 Stjæl hverken penge eller ting
med åger ingen skade,
men oplad hånden, giv hvor du kan
til de fattige i dit land.
Herre forbarm dig!

9 Falsk vidne aldrig du være må,
og ingen tid lyve næsten på;
er han uskyldig, da frelse du ham,
men har han syndet, da dølg hans skam.
Herre forbarm dig!

10 Til næstens bolig ej stå din hu,
ej heller hans hustru begære du,
men ønsk ham alt godt,
som selv du ønske vil.
Herre forbarm dig!

11 Se! alle de bud, o menneske,
blev givet, at klart du din synd skal se,
og lære deraf, at vandre for Gud
og leve fromt og holde hans bud.
Herre forbarm dig!

12 Das helf' uns der Herr Jesus Christ,
Der unser Mittler worden ist:
Es ist mit unserm Thun verlor'n,
Verdienen doch eitel Zorn.
Kyrioleis!

12 Dertil os hjælpe Herren Jesu Krist,
som er blevet vor forsoner.
gerningerne er intet værd,
fortjener blot Guds vrede
Herre forbarm dig!

9 Ein neues Lied wir heben an

Ein Lied von den zween Marterern Christi,
zu Brüssel, von den Sophisten von Löven
verbrandt. Geschehen im jar 1522

En sang om Kristi to martyrer, som blev
brændt på bålet i Bryssel af sofisterne fra
Louvain i 1522

1 Ein neues Lied wir heben an,
Das walt' Gott unser Herre,
Zu singen was Gott hat gethan
Zu seinem Lob und Ehre.
Zu Bruessel in dem Niederland
Wohl durch zween junge Knaben
Hat er sein Wunder g'macht bekannt,
Die er mit seinen Gaben
So reichlich hat gezieret.

1 En martyrvise vi istemmer,
det råde Gud, vor Herre!
vi synger om, hvad han har gjort
sit navn til pris og ære:
i Bryssel by i Nederland
ved to helt unge drenge,
åbenbarede han sine undere
de smykket var med hans gaver,
så rigeligt og stærkt.

2 Der Erst' recht wohl Johannes heisst,
So reich an Gottes Hulden;
Sein Bruder Heinrich nach dem Geist,
Ein rechter Christ ohn' Schulden.
Von dieser Welt geschieden sind,
Sie ha'n die Kron' erworben,
Recht wie die frommen Gottes Kind
Fuer sein Wort sind gestorben,
Sein' Maert'rer sind sie worden.

2 Den første hed Johannes,
som var så rig på Guds nåde;
hans broder i ånden var Henrik,
sand kristen, uden skyld.
fra denne verden hjemkaldtes de,
de har erhvervet sig kronen,
netop som rette Guds børn,
døde de for hans ord,
Guds martyrer er de blevet.

3 Der alte Feind sie fangen liess,
Erschreckt sie lang mit Draeuen,
Das Wort Gott man sie lenken hiess,
Mit List auch wollt' sie taeuben,
Von Loewen der Sophisten viel,
Mit ihrer Kunst verloren,
Versammelt er zu diesem Spiel;
Der Geist sie macht zu Thoren,
Sie konnten nichts gewinnen.

3 Den gamle fjende grumt mod dem for
med lænker, vold og fængsel,
bød dem forsværge Guds hellige ord
med list man også ville fange dem:
fluks henter han de sofisters flok,
de løvenske doktorer;
men skønt han lærer dem rænker nok,
Guds Ånd gør dem til dårer,
de kan slet intet udrette.

4 Sie sungen suess, sie sungen sau'r,
Versuchten manche Listen;
Die Knaben standen wie ein' Mau'r,
Veracht'ten die Sophisten.
Den alten Feind das sehr verdross,
Dass er war ueberwunden
Von solchen Jungen, er so gross;
Er ward voll Zorn von Stunden,
Gedacht' sie zu verbrennen.

5 Sie raubten ihn'n das Klosterkleid,
Die Weih' sie ihn'n auch nahmen;
Die Knaben waren des bereit,
Sie sprachen froehlich: Amen!
Sie dankten ihrem Vater, Gott,
Dass sie los sollten werden
Des Teufels Larvenspiel und Spott,
Darin durch falsche Berden
Die Welt er gar betreuget.

6 Da schickt Gott durch sein Gnad' also,
Dass sie recht Priester worden:
Sich selbst ihm mussten opfern da
Und geh'n im Christen Orden,
Der Welt ganz abgestorben sein,
Die Heuchelei ablegen,
Zum Himmel kommen frei und rein,
Die Moencherei ausfegen
Und Menschen Tand hie lassen.

4 De synge sødt, og de synge surt,
forsøger sig med megen list;
men hans og henrik stod som en mur,
foragtede de sofister.
den gamle fjende derpå blev vred:
al han var overvundet,
at sådanne børn gav ham dette stød,
stor harm blev hos ham funden:
nu skal i visselig brænde!

5 De klosterklæder man af dem drog,
tilbagekaldte deres indvielse;
slig hån til hjerte de sig ej tog,
men sagde gladelig: amen,
ja takkede glad deres Fader og Gud,
at frie han dem nu gjorde,
at munkekappen og menneskebud
farvel de sige turde,
hvormed alverden bedrages.

6 Stor nåde dog lader Gud dem ske:
hans rette præster de blive,
i Kristi orden indtræder de,
og fromt sig selv hengiver.
fra verden helt afdøde de er
aflægger alt hykleri
går ind i himlen ren og fri
al munkeri er fejet bort
mennesketant ladt tilbage.

7 Man schrieb ihn'n fuer ein Brieflein klein,
Das hiess man sie selbst lesen,
Die Stueck' sie zeigten alle drein,
Was ihr Glaub' war gewesen.
Der huechste Irrthum dieser war:
Man muss allein Gott glauben,
Der Mensch leugt und treugt immerdar,
Dem soll man nichts vertrauen;
Dess mussten sie verbrennen.

8 Zwei grosse Feur sie zuend'ten an,
Die Knaben sie her brachten,
Es nahm gross Wunder Jedermann,
Dass sie solch' Pein veracht'ten,
Mit Freuden sie sich gaben drein,
Mit Gottes Lob und Singen,
Der Muth ward den Sophisten klein
Fuer diesen neuen Dingen,
Da sich Gott liess so merken.

9 Der Schimpf sie nun gereuet hat,
Sie wollten's gern schoen machen;
Sie thuern nicht ruehmen sich der That
Sie bergen fast die Sachen,
Die Schand' im Herzen beisset sie
Und klagen's ihr'n Genossen,
Doch kann der Geist nicht schweigen hie:
Des Habels Blut vergossen,
Es muss den Kain melden.

7 Så skrev man for dem et lille brev,
bad dem det læse til ende,
hvor punkt for punkt dem foreholdt blev
den tro, de monne bekende.
værst for de vild i denne sag:
på Gud alene skal man tro.
mennesker lyver og snyder altid.
dem skal man ikke stole på.
Derfor så måtte de brænde.

8 To store bål blev tændt på stand,
og drengene did man bragte;
med undren så både kvinde og mand,
at de sådan pine foragte:
de gik dertil med glæde stor,
og synger Guds pris og ære;
sofisternes mod sig nu skrumpede
for disse nye ting.
da Herren sig sådan lod mærke.

9 Dåden fortrød de nu på, og gav
sig til den sag at besmykke,
ej turde slig dåd de rose sig af.
den skal nu stilles i skygge;
de drabsmænd er hel mod i hu,
hverandre de nøden klage:
for højt Guds ånd tilråber dem nu,
at Abel de tog af dage,
kainsfrygten måtte sig mælde.

10 Die Aschen will nicht lassen ab,
Sie staeubt in allen Landen;
Hie hilft kein Bach, Loch, Grub' noch Grab,
Sie macht den Feind zu Schanden.
Die er im Leben durch den Mord
Zu schweigen hat gedrungen,
Die muss er todt an allem Ort
Mit aller Stimm' und Zungen
Gar froehlich lassen singen.

11 Noch lassen sie ihr Luegen nicht,
Den grossen Mord zu schmuecken,
Sie gehen fuer ein falsch Gedicht,
Ihr G'wissen thut sie druecken,
Die Heil'gen Gott's auch nach dem Tod
Von ihn'n gelaestert werden,
Sie sagen: in der lessten Noth
Die Knaben noch auf Erden
Sich sollen ha'n umkehrt.

12 Die lass man luegen immerhin,
Sie haben's keinen Frommen,
Wir sollen danken Gott darin,
Sein Wort ist wiederkommen.
Der Sommer ist hart fuer der Thuer
Der Winter ist vergangen,
Die zarten Bluemlein geh'n herfuer:
Der das hat angefangen,
Der wird es wohl vollenden.

10 Men asken den holder aldrig op
at flyve til alle lande;
her hjælper ej bæk, ej grøft, ej grav,
til skamme fjenden må stande:
i livet han dem med bål og brand
vel kunne til tavshed tvinge.
men efter døden i alle land'
nu give de sangen vinge
fra alle tunger og munde.

11 Løgnen ville de ikke stoppe,
mordet ville de smykke,
derfor de falskelig foregav,
for dåden snildt at besmykke,
for frækt forhånede de dem endnu
og løj dem end på i døden:
at disse Guds hellige børn med gru
til sidst dog angrede brøden,
og omvendte sig i nøden.

12 Ja lad dem lyve, den stund de kan,
dem bliver det ej til nytte.
vi takke vor Gud, at nådig han
sit ord igen lod råde.
se, sommeren alt for døren mon stå,
og vinteren er til ende,
frem spire alle de blomster små,
og han, som sit ord mon sende,
vil også sit værk fuldende.

10 Erhalt uns, Herr, bei deinem Wort

Ein Kinderlied, zu singen, wider die zween
Ertzfeinde Christi und seiner heiligen Kir-
chen, den Bapst und Türcke, etc. 1541

1 Erhalt uns, Herr, bei deinem Wort
Und steur des Papsts und Türken Mord,
Die Jesum Christum, deinen Sohn,
Wollen stürzen von deinem Thron!

2 Beweis dein' Macht, Herr Jesu Christ,
Der du Herr aller Herren bist;
Beschirm' dein' arme Christenheit,
Daß sie dich lob' in Ewigkeit!

3 Gott Heil'ger Geist, du Tröster wert,
Gib dein'm Volk ein'rlei Sinn auf Erd',
Steh bei uns in der letzten Not,
G'leit uns ins Leben aus dem Tod!

En barnesang:
Til at synge mod Kristi og hans hellige kir-
kes to fjender, paven og islam.

1 Behold os, Herre, ved dit ord,
og stop papist og muslimers mord.
Din Søn, Jesus Kristus
vil de styrte fra tronen.

2 Bevis din magt, Herre Jesus Krist,
som er alle herrers Herre,
beskyt din arme kristenhed,
så de kan prise dig i evighed!

3 Gud Helligånd, vor trofaste trøst,
giv dit folk ét sind på jord,
vær hos os i vor sidste nød,
før os til livet ud af døden.

11 Es spricht der Unweisen Mund wol

Der XIIII. Psalm
"Dixit insipiens in corde suo, Non est
Deus".

1 Es spricht der Unweisen Mund wol:
Den rechten Gott wir meinen;
Doch ist ihr Herz Unglaubens voll,
Mit That sie ihn verneinen.
Ihr Wesen ist verderbet zwar,
Fuer Gott ist es ein Graeuel gar,
Es thut ihr'r Keiner kein gut.

2 Gott selbst vom Himmel sah herab
Auf aller Menschen Kinder,
Zu schauen sie er sich begab,
Ob er Jemand wird finden,
Der sein'n Verstand gerichtet haett
Mit Ernst, nach Gottes Worten thaet
Und fragt nach seinem Willen.

3 Da war Niemand auf rechter Bahn,
Sie war'n all' ausgeschritten;
Ein Jeder ging nach seinem Wahn
Und hielt verlor'ne Sitten.
Es that ihm Keiner doch kein gut,
Wie wohl gar viel betrog der Muth,
Ihr Thun sollt' Gott gefallen.

4 Wie lang wollen unwissend sein
Die solche Mueh aufladen,
Und fressen dafuer das Volk mein
Und naehr'n sich mit sei'm Schaden?
Es steht ihr Trauen nicht auf Gott,
Sie rufen ihm nicht in der Noth,

Salme 14: "Tåberne siger ved sig selv:
»Gud er ikke til!«"

1 Vel siger dåren med sin mund:
den rette Gud jeg priser;
men vantro bor i hjertets grund,
i gerning han fornægter.
forvendt er verdens sind og hu,
dens hellighed er Gud en gru,
sand fromhed ej den kender.

2 Gud Herren så fra himlen ned,
om nogen var at finde,
som bar i from oprigtighed
hans lov i hu og sinde;
men da han havde alting set,
var der ej én, som gjorde ret,
og agtede på hans vilje.

3 For ingen var på rette vej,
på vildspor var de alle;
enhver sin egen lov sig skrev,
og fulgte slette vaner;
og skøt slet ingen gjorde ret,
de fleste syntes dog, at det
var ganske, som Gud ville.

4 Da sagde Gud: hvor længe vil
i sådan vanvid nære,
og bruge slige kunster til
mit folk trygt at fortære?
til Gud de ej vil fæste lid,
påkalde ham i nødens tid,
de vil sig selv forsørge.

Sie woll'n sich selbst versorgen.
5 Darum ist ihr Herz nimmer still
Und steht allzeit in Forchten;
Gott bei den Frommen bleiben will,
Dem sie mit Glauben g'horchen.
Ihr aber schmaeht des Armen Rath,
Und hoehnet alles, was er sagt,
Dass Gott sein Trost ist worden.

6 Wer soll Israel dem Armen
Zu Zion Heil erlangen?
Gott wird sich sein's Volk's erbarmen
Und loesen, sie gefangen.
Das wird er thun durch seinen Sohn,
Davon wird Jakob Wonne ha'n
Und Israel sich freuen.

5 Derfor har i ret aldrig ro
af frygt for nød og skade;
men Gud vil hos de fromme bo,
som sig på ham forlader.
men i spotter den armes råd
og håner alt hvad han siger,
han til sin Gud sig trøster.

6 Hvem skal til Israel da nu
med hjælp og redning komme?
Gud vil sit folk forbarme
og løse alle fanger;
det gør han ved din kære søn,
derved skal Jakob vinde fred,
og Israel sig glæde.

12 Es wolt uns Gott genedig sein

Der LXVII. Psalm "Deus miseratur nostri."

Salme 67: "Gud være os nådig".

1 Es wolt uns Gott genedig sein,
Und seinen Segen geben,
Sein Antlitz uns mit hellem Schein
Erleucht' zum ew'gen Leben,
Dass wir erkennen seine Werk'
Und was ihm b'liebt auf Erden,
Und Jesus Christus Heil und Staerk'
Bekannt den Heiden werden
Und sie zu Gott bekehren.

1 Vær os nådig Gud,
og giv os din velsignelse
Sit ansigt over os så klart,
lys for os til det evige liv,
at vi din almagt erkende må
og hvad han vil på jorden.
Og Jesus Kristus frelser stærk
blandt hedninger må kendes,
og sig til Gud omvende.

2 So danken, Gott, und loben dich
Die Heiden ueberalle,
Und alle Welt die freue sich
Und sing' mit grossem Schalle,
Dass du auf Erden Richter bist
Und lasst die Suend' nicht walten,
Dein Wort die Hut und Weide ist,
Die alles Volk erhalten,
In rechter Bahn zu wallen.

2 Så tak da Gud, de priser dig,
hedningerne alle steder,
alverden sig fryder nu
og synger så det gjalder,
at du er jordens dommer,
som ikke lader synden råde,
Dit ord er beskyttelse og omsorg
som bevarer alle folk
så de går de rette veje.

3 Es danke, Gott, und lobe dich
Das Volk in guten Thaten;
Das Land bringt Frucht und bessert sich,
Dein Wort ist wohl gerathen.
Uns segen' Vater und der Sohn,
Uns segen' Gott der heilig' Geist,
Dem alle Welt die Ehre thu,
Fuer ihm sich fuerchte allermeist,
Nun sprecht von Herzen, Amen!

3 De lover og takker dig Gud;
dit folk med gode gerninger
landet bære frugt og bedre sig;
dit ord giv vækst på al jorderig,
velsign os Gud Fader og Gud Søn:
velsign os Gud Helligånd,
Dig prise hele verden.
og frygte dig allermest,
og sige af hjertet et amen.

13 Gelobet seist du, Jesu Christ

Ein Lobgesang, von der Geburt vnsers
HErrn Jhesu Christi. D. Mart. Luther.

En lovsang om vor Herre Jesu Kristi fødsel.
Dr. Martin Luther. 1524

1 Gelobet seist du, Jesu Christ,
Daß du Mensch geboren bist
Von einer Jungfrau, das ist wahr;
Des freuet sich der Engel Schar.
Kyrieleis!

1 Lovet være du, Jesus Krist,
at du blev født som menneske
af en jomfru, det er sandt!
Derfor fryder sig engleskare.
Nåde fra Gud.

2 Des ew'gen Vaters einzig Kind
Jetzt man in der Krippen findt,
In unser armes Fleisch und Blut
Verkleidet sich das ewig Gut.
Kyrieleis!

2 Den evige Faders eneste Søn
finder man nu i en krybbe.
Den evige Gud iklæder sig
vores ringe kød og blod.
Nåde fra Gud.

3 Den aller Welt Kreis nie beschloß,
Der liegt in Marien Schoß;
Er ist ein Kindlein worden klein,
Der alle Ding' erhält allein.
Kyrieleis!

3 Den, som verden ej rumme kan
ligger nu i Marias skød.
Ham, der alene bærer alt
blev en lille baby.
Nåde fra Gud.

4 Das ew'ge Licht geht da herein,
Gibt der Welt ein'n neuen Schein;
Es leucht't wohl mitten in der Nacht
Und uns des Lichtes Kinder macht.
Kyrieleis!

4 Det evige lys kom til os ned.
Giver verden et nyt skær;
Det lyser midt i natten,
og gør os til lysets børn.
Nåde fra Gud.

5 Der Sohn des Vaters, Gott von Art,
Ein Gast in der Welt hier ward
Und führt uns aus dem Jammertal,
Er macht uns Erben in sein'm Saal.
Kyrieleis!

5 Faderens søn, selv sand Gud
blev gæst i denne verden.
Han fører os op fra jammerdal
Gør os rige i Himmelsal.
Nåde fra Gud.

6 Er ist auf Erden kommen arm,
Daß er unser sich erbarm',
Und in dem Himmel machet reich
Und seinen lieben Engeln gleich.
Kyrioleis.

7 Das hat er alles uns getan,
Sein' groß' Lieb' zu zeigen an.
Des freu' sich alle Christenheit
Und dank' ihm des in Ewigkeit.
Kyrieleis!

6 Fattig kom han til jorden ned
at skænke os barmhjertighed
og gøre os rige i Himlen
og sine kære engle lige.
Nåde fra Gud.

7 Alt det har han gjort for os,
for at vise os sin kærlighed
derfor fryde sig al kristenhed
og takke ham i al evighed.
Nåde fra Gud.

14 Gott der Vater won uns bey

1 Gott der Vater wohn' uns bei
Und lass uns nicht verderben,
Mach' uns aller Suenden frei
Und helf' uns selig sterben.
Fuer dem Teufel uns bewahr,
Halt' uns bei festem Glauben,
Und auf dich lass uns bauen,
Aus Herzen Grund vertrauen,
Dir uns lassen ganz und gar;
Mit allen rechten Christen
Entfliehen Teufels Listen,
Mit Waffen Gott's uns fristen.
Amen! Amen! das sei wahr,
So singen wir, Halleluja!

2 Jesus Christus wohn' uns bei
Und lass uns nicht verderben,
Mach' uns aller Suenden frei
Und helf' uns selig sterben.
Fuer dem Teufel uns bewahr,
Halt' uns bei festem Glauben,
Und auf dich lass uns bauen,
Aus Herzen Grund vertrauen,
Dir uns lassen ganz und gar;
Mit allen rechten Christen
Entflieh'n des Teufels Listen,
Mit Waffen Gott's uns fristen.
Amen! Amen! das sei wahr,
So singen wir, Halleluja!

1 Gud, vor Fader, bo hos os.
Lad os ikke gå til grunde.
Fra al Synd du os befri,
Og giv os en salig død.
Bevar os for Djævlen.
Hold os i en fast tro.
Og lad os bygge på dig
af hjertets grund stole,
helt og holden på dig tro,
og med alle rette kristne
undfly Djævlens list.
Bevar os med Guds våben.
Amen, Amen, det er sandt!
Så synger vi halleluja!

2 Jesus Kristus bo hos os.
Lad os ikke gå til grunde.
Fra al Synd du os befri,
Og giv os en salig død.
Bevar os for Djævlen.
Hold os i en fast tro.
Og lad os bygge på dig
af hjertets grund stole,
helt og holden på dig tro,
og med alle rette kristne
undfly Djævlens list.
Bevar os med Guds våben.
Amen, Amen, det er sandt!
Så synger vi halleluja!

3 Der heilig' Geist wohn uns bei,
Und lass uns nicht verberben,
Mach' uns aller Suenden frei
Und helf' uns selig sterben.
Fuer dem Teufel uns bewahr,
Halt' uns bei festem Glauben,
Und auf dich lass uns bauen,
Aus Herzen Grund vertrauen,
Dir uns lassen ganz und gar;
Mit allen rechten Christen
Entfliehen Teufels Listen,
Mit Waffen Gott's uns fristen.
Amen! Amen! das sei wahr,
So singen wir, Halleluja!

3 Helligånd bo hos os.
Lad os ikke gå til grunde.
Fra al Synd du os befri,
Og giv os en salig død.
Bevar os for Djævlen.
Hold os i en fast tro.
Og lad os bygge på dig
af hjertets grund stole,
helt og holden på dig tro,
og med alle rette kristne
undfly Djævlens list.
Bevar os med Guds våben.
Amen, Amen, det er sandt!
Så synger vi halleluja!

15 Gott sei gelobet und gebenedeiet

Der Lobsang: Got sey gelobet.

Lovsangen: Gud være lovet.

1 Gott sei gelobet und gebenedeiet,
Der uns selber hat gespeiset
Mit seinem Fleische und mit seinem Blute,
Das gib uns, Herr Gott, zu gute.
Kyrieleison!
Herr, durch deinen heiligen Leichnam,
Der von deiner Mutter Maria kam,
Und das heilige Blut,
Hilf uns, Herr, aus aller Noth.
Kyrieleison!

1 O vær velsignet, du Herre god,
som med dit legeme og med dit blod
nu selv bespist os har!
lad det komme os til gode
forbarm dig Herre!
Herre, ved dit hellige legeme,
som stammer fra Maria, din mor
og dit hellige blod
hjælp os, Herre, af al nød
forbarm dig Herre!

2 Der heilig' Leichnam ist fuer uns gegeben
Zum Tod, dass wir dadurch leben,
Nicht groesser' Guete konnte er uns schenken
Dabei wir sein soll'n gedenken.
Kyrieleison!
Herr, dein Lieb' so gross dich zwungen hat,
Dass dein Blut an uns gross Wunder that
Und bezahlt unser Schuld,
Dass uns Gott ist worden hold.
Kyrieleison!

2 Du gav dit hellige legeme hen
til døden, for at vi skulle leve,
ingen større gave kunne han os skænke
det skulle vi betænke
forbarm dig Herre!
Herre, din store kærlighed dig drev,
stort underværk dit blod har gjort:
betalte for vore synder,
så Gud er blevet os nådig
forbarm dig Herre!

3 Gott geb' uns Allen seiner Gnade Segen,
Dass wir gehen auf seinen Wegen,
In rechter Lieb' und bruederlicher Treue,
Dass uns die Speis' nicht gereue.
Kyrieleison!
Herr, dein heilig' Geist uns nimmer lass,
Der uns geb' zu halten rechte Mass,
Dass dein' arm' Christenheit
Leb' in Fried' und Einigkeit.
Kyrieleison!

3 Gud give os alle sit nådetegn,
så vi på hans veje vandrer.
i brodertroskab og kærlighed,
så denne spise bliver os til gavn
forbarm dig Herre!
tag aldrig din Helligånd fra os,
som gør at vi kan holde messen ret,
så din arme kristenhed
kan leve i fred og enighed.
forbarm dig Herre!

16 Herr Gott, dich loben wir

Der Lobsang "Te Deum Laudamus", Durch
D. Mart. Luther verdeudscht.

Lovsangen "Vi lover dig Gud"
oversat af Martin Luther

1 Herr Gott, dich loben wir,
Herr Gott, wir danken dir!
Dich, Vater in Ewigkeit,
Ehrt die Welt weit und breit.
All Engel und Himmels Herr'
Und was dienet deiner Ehr',
Auch Cherubin und Seraphin
Singen immer mit hoher Stimm':
Heilig ist unser Gott!
Heilig ist unser Gott!
Heilig ist unser Gott,
der Herre Zebaoth!

1 Herre Gud, vi lover dig,
Herre Gud vi takker dig
Dig, Fader, i evighed
ærer hele jorden kreds
alle engle og himmelske hære
og hvad der tjener til din ære
også keruber og serafer
synger altid højt i kor:
hellig er du, vor Gud!
hellig er du, vor Gud!
hellig er du, vor Gud!
du Herre Zebaoth!

Dein' goettlich' Macht und Herrlichkeit
Geht ueber Himmel und Erden weit.
Der heiligen zwoelf Boten Zahl,
Und die lieben Propheten all',
Die theuren Maert'rer allzumal
Loben dich, Herr, mit grossem Schall.
Die ganze werthe Christenheit
Ruehmt dich auf Erden alle Zeit,

2 Din guddommelige magt og herlighed
breder sig ud over himmel og jord
de hellige tolv budbringere
og alle de kære profeter
alle værdige martyrer i hobetal
priser dig Herre så højt det gjalder
Hele den dyrebare kristenhed
priser dig på jorden altid.

3 Dich, Gott Vater, im hoechsten Thron,
Deinen rechten und einigen Sohn,
Den heiligen Geist und Troester werth
Mit rechtem Dienst sie lobt und ehrt.
Du Koenig der Ehren, Jesu Christ,
Gott Vaters ewiger Sohn du bist.
Der Jungfrau Leib nicht hast verschmaeht,
Zu'rloesen das menschlich Geschlecht;
Du hast dem Tod zerstoert sein' Macht

3 Du Gud Fader i det højeste
din sande og eneste Søn
den dyrebare Helligånd og trøster
de lover og ærer med den rette tjeneste
du ærens konge Jesus Krist
Gud Faders evige Søn du er
du beskæmmede ikke Jomfruens krop
for at forløse menneskeslægten
du har ødelagt dødens magt

Und all' Christen zum Himmel bracht;
Du sitz'sst zur Rechten Gottes gleich
Mit aller Ehr' in's Vaters Reich;
Ein Richter du zukunftig bist
Alles das todt und lebend ist.

4 Nun hilf uns, Herr, den Dienern dein,
Die mit dei'm theu'rn Blut erloeset sein:
Lass uns im Himmel haben Theil
Mit den Heiligen in ewigem Heil.
Hilf deinem Volk, Herr Jesu Christ,
Und segne das dein Erbtheil ist;
Wart' und pfleg' ihr'r zu aller Zeit
Und heb' sie hoch in Ewigkeit.
Taeglich, Herr Gott, wir loben dich,
Und ehr'n dein Namen stetiglich.
Behuet' uns heut', o treuer Gott,
Fuer aller Suend' und Missethat.
Sei uns gnaedig, o Herre Gott,
Sei uns gnaedig in aller Noth:
Zeig' uns deine Barmherzigkeit,
Wie unsre Hoffnung zu dir steht.
Auf dich hoffen wir, lieber Herr;
In Schanden lass uns nimmermehr!
Amen.

og alle kristne til Himlen bragt
du sidder nu ved Guds højre
med al ære i Faderens rige
den kommende dommer er du
over alle levende og døde.

4 Så hjælp nu Herre dine tjenere
som er forløst med dit dyrebare blod
lad os i Himlen have del
med de hellige i evig frelse
hjælp dit folk Herre Jesus Krist
velsign din arvedel
bevogt og plej den til hver en tid
og løft den højt i evighed
dagligt lover vi dig Herre Gud
og ærer dig navn til stadighed
beskyt os i dag, o trofaste Gud
for al synd og misgerning
vær os nådig, o Herre Gud
vær os nådig i al nød
vis os barmhjertighed
vort håb er rettet mod dig
vi håber på dig, kære Herre
lad os aldrig blive til skamme
amen.

17 Jesaia, dem Propheten, das geschach

Das Deudsche Sanctus.

Jesaia, dem Propheten, das geschach,
Dass er im Geist den Herren sitzen sah
Auf einem hohen Thron, in hellem Glanz,
Seines Kleides Saum den Chor fuellet ganz.
Es stunden zween Seraph bei ihm daran,
Sechs Fluegel sah er eineu jeden han;
Mit zween verbargen sie ihr Antlitz klar,
Mit zween bedeckten sie die Fuesse gar,
Und mit den andern zween sie flogen frei;
Gen ander ruften sie mit grossem G'schrei:
"Heilig ist Gott, der Herre Zebaoth!
Heilig ist Gott, der Herre Zebaoth!
Heilig ist Gott, der Herre Zebaoth!
Sein' Ehr' die ganze Welt erfuellet hat!"
Von dem G'schrei zittert Schwell' und Balken gar,
Das Haus auch ganz voll Rauch und Nebel war.

Helligsangen oversat

Profeten Esajas er det sket,
at han i ånden har Herren set
på højen trone i en glans så klar:
af kjortlens flige koret opfyldt var.
serafer to han skued hos ham stå,
og hver af dem seks vinger havde på:
med to de dækkede deres ansigt til,
med to de skjulte deres fødder vel,
med de to andre de fløj så frit
og råbte højt til hinanden:
hellig er Gud, den Herre Zebaoth!
hellig er Gud, den Herre Zebaoth!
hellig er Gud, den Herre Zebaoth!
hans ære fylder verdens vide kreds!
da rystede tempelbjælker hver og en,
og hele huset blev fuld af røg og tåge.

18 Jhesus Christus unser Heiland, der den Tod uberwand

Ein Lobsang auff das Osterfest.

Jesus Christus unser Heiland
Martin Luther, 1525

1 Jesus Christus unser Heiland,
Der den Tod üeberwand,
Ist auferstanden,
Die Sünd' hat er gefangen.
Kyrie eleison!

2 Der ohn' Sünden war geboren,
Trug für uns Gottes Zorn,
Hat uns versöhnet,
Daß Gott uns sein' Huld gönnet.
Kyrie eleison!

3 Tod, Sünd', Leben und Gnad,
All's in Händen er hat,
Er kann erretten
Alle, die zu ihm treten.
Kyrie eleison!

En lovsang til påskefesten

Jesus Kristus vor frelser,
som døden overvandt

1 Jesus Kristus vor frelser,
som døden overvandt,
han er opstået,
han tog synden til fange
Herre forbarm dig!

2 Ham, der fødtes uden synd,
bar for os Guds vrede.
Han har forsonet os,
så Gud er os nådig.
Herre forbarm dig!

3 Død, synd, liv og nåde.
Alt er i hans hånd.
Han kan frelse alle,
som kommer til ham.
Herre forbarm dig!

19 Jhesus Christus unser Heiland,
der von uns den göttes zorn wand

S. Johannes Huss, gebessert. 1524

Johann Huss' sang forbedret.

1 Jhesus Christus unser Heiland,
Der von uns den göttes zorn wand,
Durch das bitter' Leiden sein
Half er uns aus der Hölle Pein.

1 Jesus Kristus vores frelser,
har vendt Guds vrede fra os.
Ved sin smertefulde lidelse
trak han os ud af Helvedes pine

2 Daß wir nimmer dess vergeßen,
Gab er uns sein' Leib zu essen,
Verborgen im Brot so klein,
Und zu trinken sein Blut im Wein.

2 For aldrig det at glemme,
gav han os sit legeme at spise,
skjult i et lille stykke brød,
og sit blod i vin at drikke

3 Wer sich zu dem Tisch will machen,
Der hab wohl acht auf sein' Sachen:
Wer unwürdig hiezu geht,
Für das Leben den Tod empfäht.

3 Den, der vil med til bords,
må være opmærksom på sig selv.
For den, der kommer uværdig,
Modtager død i stedet for liv.

4 Du sollt Gott den Vater preisen,
Daß er dich so wohl wollt' speisen,
Und für deine Missethat
In den Tod fein'n Sohn geben hat.

4 Du må prise Gud Fader,
for at han bespiser dig så godt.
At han for dine overtrædelser
Prisgav sin søn til døden.

5 Du sollt glauben und nicht wanken,
Daß ein' Speise sei den Kranken,
Den'n ihr Herz' von Sünden schwer
Und für Angst ist betrübet sehr.

5 Du må tro, uden at tvivle,
at det er medicin for de syge.
De, der af hjertet er bedrøvet og bange,
Over deres synder mange.

6 Solch' groß' Gnad' und Barmherzigkeit
Sucht ein Herz in großer Arbeit:
Ist dir wohl, so bleib' davon,
Daß du nicht kriegest bösen Lohn.

6 En så stor nåde og barmhjertighed
søger hjertet med alvor.
Føler du dig rask, så bliv væk,
Så du ikke forspiser dig.

66

7 Er spricht selber: Kommt ihr Armen,
Laßt mich über euch erbarmen:
Kein Arzt ist dem Starken noth,
Sein' Kunst wird an ihm gar ein Spott.

8 Hätt'st du dir was konnt erwerben,
Was durst' dann ich für dich sterben?
Dieser Tisch auch dir nicht gilt,
So du selber dir helfen willt.

9 Glaubst du das von Herzen Grunde
Und bekennest mit dem Munde,
So bist du recht wohl geschickt
Und die Speise dein' Seel' erquickt.

10 Die Frucht soll auch nicht ausbleiben:
Deinen Nächsten sollt du lieben,
Daß er dein genießen kann,
Wie dein Gott hat an dir gethan.

7 Han siger selv: Kom I arme,
lad mig over jer forbarme.
De raske har ikke læge behov
Hans gaver bliver da blot til spot.

8 Hvis du selv kunne klare det,
hvorfor skulle jeg så gå i døden for dig?
Dette måltid er ikke for dig,
Som kan klare dig selv.

9 Tror du det af hele dit hjerte
og bekender det med din mund,
så er du godt forberedt.
Så gør måltidet dig rask i din sjæl.

10 Frugterne udebliver ikke:
Din næste skal du elske,
Så han kan have gavn af dig,
som Gud har hjulpet dig.

20 Komm, Gott Schoepfer, heiliger Geist

Der Hymnus "Veni, Creator Spiritus"
verdeudscht durch.

Hymnen "Kom Skaberånd"
oversat af Martin Luther

1 Komm, Gott Schoepfer, heiliger Geist,
Besuch' das Herz der Menschen dein,
Mit Gnaden sie fuell', wie du weisst,
Dass dein Geschoepf vorhin sein.

1 Kom, Helligånd, du Gud skaber,
til menneskers hjerte kom!
fyld det med nåde, for du var
og er jo den, som skabt det har.

2 Denn du bist der Troester genannt,
Des Allerhoechsten Gabe theuer,
Ein' geistlich' Salb' an uns gewandt,
Ein lebend Brunn, Lieb' und Feuer.

2 En trøster bliver du kaldt
den allerbedste gave så dyr,
en åndens salve for vor sjæl,
ild, kærlighed og en levende kilde.

3 Zuend' uns ein Licht an im Verstand,
Gib und in's Herz der Liebe Brunst,
Das schwach' Fleisch' in uns, dir bekannt,
Erhalt, fest' dein' Kraeft' und Gunst.

3 Antænd dit lys i sjæl og sind,
gyd kærlighed glød i hjertet ind,
bevar vort svage kød i os,
med din kraft og nåde.

4 Du bist mit Gaben siebenfalt
Der Finger an Gott's rechter Hand;
Des Vaters Wort giebst du gar bald
Mit Zungen in alle Land.

4 Du finger på Guds højre hånd,
syvfoldig giver, Helligånd,
Faderens ord giver du nu
med tunger på den hele jord.

5 Des Feindes List treibt von uns fern,
Den Fried' schaff' bei uns deine Gnad',
Dass wir dein'm Leiten folgen gern,
Und meiden der Seelen Schad'.

5 Hold fjendens rænker langt fra os,
skab fred hos os med din nåde,
så vi gerne følge din vej
og undgår sjæleskade.

6 Lehr' uns den Vater kennen wohl,
Dazu Jesum Christ feinen Sohn,
Dass wir des Glaubens werden voll,
Dich beider Geist zu verstehen.

6 Gud Fader lær os godt at kende,
og ligeså hans søn, Jesus Kristus;
at vi agter troen højt
du, begges Ånd, at forstå.

7 Gott Vater sei Lob und dem Sohn,
Der von den Todten auferstund;
Dem Troester sei dasselb' gethan
In Ewigkeit alle Stund'.

7 Ære være Gud Fader og hans søn,
opstanden fra de døde,
ligeledes ære ske vor trøster
i evighed og hver en stund!

21 Komm, heiliger Geist, Herre Gott

"Veni, Sancte Spiritus",
gebessert durch D. Mart. Luther.

„Kom Hellige Ånd",
forbedret af dr. Mart. Luther

1 Komm, heiliger Geist, Herre Gott,
Erfuell' mit deiner Gnaden Gut
Deiner Glaeubigen Herz, Muth und Sinn;
Dein bruenst'ge Lieb' entzuend' in ihn'n.
O Herr, durch deines Lichtes Glast
Zu dem Glauben versammelt hast
Das Volk aus aller Welt Zungen,
Das sei dir, Herr, zu Lob gesungen,
Halleluja! Halleluja!

1 Kom, Hellige Ånd, Herre Gud,
fyld med din nåde god,
dine troendes hjerter, sind og mod!
tænd selv din brændende kærlighed
o Herre, ved strålerne fra dit lys,
forsamlet du har til troen
et folk af alle tungemål
derfor, Herre, vi vil din lovsang synge
halleluja! halleluja!

2 Du heiliges Licht, edler Hort,
Lass uns leuchten des Lebens Wort,
Und lehr' uns Gott recht erkennen,
Von Herzen Vater ihn nennen.
O Herr, behuet' vor fremder Lehr,
Dass wir nicht Meister suchen mehr
Denn Jesum mit rechtem Glauben,
Und ihm aus ganzer Macht vertrauen.
Halleluja! Halleluja!

2 Du hellige lys, ædle gæst,
lad lyse for os dit livsens ord,
at Gud vi ret må kende,
af hjertet ham kalde far.
for fremmed lære os vel bevar,
så ingen andre mestre vi søger om svar,
end Jesus med den rette tro
og stole på hans magt alene.
halleluja! halleluja!

3 Du heilige Brunst, suesser Trost,
Nun hilf uns froehlich und getrost
In deinem Dienst bestaendig bleiben,
Die Truebsal uns nicht abtreiben.
O Herr, durch dein' Kraft uns bereit'
Und staerk des Fleisches Bloedigkeit,
Dass wir hier ritterlich ringen,
Durch Tod und Leben zu dir dringen.
Halleluja! Halleluja!

3 Du ild så hellig, du trøst så blid,
hjælp os nu glade og fortrøstningsfulde,
at blive tro i din tjeneste
så modgang ikke får magten
o Herre, bered os i din kraft.
og styrk det svage kød,
så vi kæmper ridderligt her
og gennem liv og død til dig fremtrænger.
halleluja! halleluja!

22 Mensch wiltu leben seliglich

Die zehen Gebot kurtzer gefasst.

De Ti Bud, kort udgave.

1 Mensch, willt du leben seliglich,
Und bei Gott bleiben ewiglich,
Sollt du halten die zehn Gebot,
Die uns geben unser Gott.
Kyrioleis!

1 Om du vil leve saligt
og blive hos Gud i evighed,
da skal du holde de ti bud,
som os har givet vor Gud.
Forbarm dig Herre!

2 Dein Gott allein und Herr bin ich,
Kein ander Gott soll irren dich;
Trauen soll mir das Herze dein,
Mein eigen Reich sollt du sein.
Kyrioleis!

2 Din Herre og Gud er alene jeg,
til andre guder forvild dig ej;
men mig skal du tro af hjertens grund
mit eget rige skal du være.
Forbarm dig Herre!

3 Du sollt mein'n Namen ehren schon
Und in der Noth mich rufen an,
Du sollt heil'gen den Sabbath-Tag,
Das ich in dir wirken mag.
Kyrioleis!

3 Du skal ære mit navn,
kalde på mig i nøden
sabbatten skal du hellige mig,
at jeg kan gøre mit værk i dig.
Forbarm dig Herre!

4 Dem Vater und der Mutter dein
Sollt du nach mir gehorsam sein;
Niemand toedten noch zornig sein,
Und deine Eh' halten rein.
Kyrioleis!

4 Næst mig din fader og moder,
skal du være dem lydig.
slå ingen ihjel og vær ikke vred.
hold dit ægteskab rent.
Forbarm dig Herre!

5 Du sollt ein'm andern stehlen nicht,
Auf Niemand falsches zeugen icht;
Deines Naechsten Weib nicht begehr'n
Und all sein's Gut's gern entbehr'n.
Kyrioleis!

5 Stjæl ej, hvad næstens er.
vidn ikke falsk mod nogen
hans viv må du ikke begære,
men und ham alt godt.
Forbarm dig Herre!

23 Mit Fried' und Freud' ich fahr' dahin

Der Lobgesang Simeonis, des Altvaters
"Nunc dimittis", Luce. II.

Simeons lovsang fra Luk 2, 29-32: "Herre,
nu lader du din tjener gå bort med fred".

1 Mit Fried' und Freud' ich fahr' dahin,
In Gottes Wille,
Getrost ist mir mein Herz und Sinn,
Sanft und stille.
Wie Gott mir verheissen hat:
Der Tod ist mein Schlaf worden.

1 Med glæde og fred her fra jeg går,
efter Guds vilje;
mit hjerte og sind er trøstigt
blidt og stille,
som Gud lovet har
er døden blot en søvn.

2 Das macht Christus, wahr Gottes Sohn,
Der treue Heiland,
Den du mich, Herr, hast sehen lan
Und macht bekannt,
Dass er sei das Leben
Und Heil in Noth und Sterben.

2 Det skyldes Kristus, Guds sande søn
den trofaste frelser,
som du Herre har sendt mig
og gjort bekendt
at han er livet
og frelse i nød og død.

3 Den hast du Allen fuergestellt
Mit grossen Gnaden;
Zu seinem Reich die ganze Welt
Heissen laden
Durch dein theuer heilsam Wort,
An allem Ort erschollen.

3 Ham har frembudt til alle
i stor nåde
hele verden til hans rige
indbudt du har
ved dit dyrebare frelsens ord,
som allesteds nu gjalder.

4 Er ist das Heil und selig Licht
Fuer alle Heiden,
Zu 'rleuchten, die dich kennen nicht
Und zu weiden,
Er ist dein's Volks Israel
Der Preis, Ehr', Freud' und Wonne.

4 Han er frelsen og det salige lys
for alle folk på jord
at oplyse dem, der ikke kender dig
og at vogte
er han for dit folk Israel,
til pris, ære, trøst og glæde.

24 Mitten wir im Leben sind

Mitten wir im Leben sind. 1524

1 Mitten wir im Leben sind
Mit dem Tod umfangen.
Wen such'n wir, der Hilfe tu',
Daß; wir Gnad' erlangen?
Das bist du, Herr, alleine!
Uns reuet unsre Missetat,
Die dich, Herr, erzürnet hat.
Heiliger Herre Gott,
Heiliger, starker Gott,
Heiliger, barmherziger Heiland,
Du ewiger Gott,
Laß uns nicht versinken
In des bittern Todes Not!
Kyrieleison!

2 Mitten in dem Tod anficht
Uns der Hölle Rachen.
Wer will uns aus solcher Not
Frei und ledig machen?
Das tust du, Herr, alleine!
Es jammert dein' Barmherzigkeit
Unsre Sünd' und großes Leid.
Heiliger Herre Gott,
Heiliger, starker Gott,
Heiliger, barmherziger Heiland,
Du ewiger Gott,
Laß uns nicht versinken
In des bittern Todes Not!
Kyrieleison!

Midt i livet, omringet af døden

1 Midt i livet er vi,
Omringet af døden.
Hos hvem skal vi få hjælp,
Så vi kan modtage nåde?
– Hos dig alene, Herre!
Vi angrer vore overtrædelser,
som har gjort dig vred.
Hellige Herre Gud,
hellige, stærke Gud,
hellige, barmhjertige Frelser,
du evige Gud!
Lad os ikke drukne
i dødens bitre nød!
Herre forbarm dig!

2 Midt i døden angribes vi,
af Helvedes fangarme
Hvem kan befri og frelse os,
af denne nød?
– Det kan du alene, Herre!
Al vor synd og elendighed
smerter din barmhjertighed.
Hellige Herre Gud,
hellige, stærke Gud,
hellige, barmhjertige Frelser,
du evige Gud!
Lad os ikke drukne
i dødens bitre nød!
Herre forbarm dig!

3 Mitten in der Hölle Angst
Unsre Sünd'n uns treiben.
Wo soll'n wir denn fliehen hin,
Da wir mögen bleiben?
Zu dir, Herr Christ, alleine!
Vergoßen ist dein teures Blut,
Das g'nug für die Sünde tut.
Heiliger Herre Gott,
Heiliger, starker Gott,
Heiliger, barmherziger Heiland,
Du ewiger Gott,
Laß uns nicht versinken
In des bittern Todes Not!
Kyrieleison!

3 Midt i Helveds-angsten ind
vil vor synd os drive.
Hvor skal vi da flygte hen,
for ikke at forgå?
– Til dig alene, Herre Krist!
Udgydt du har dit dyre blod,
som for al vor synd gør bod.
Hellige Herre Gud,
hellige, stærke Gud,
hellige, barmhjertige Frelser,
du evige Gud!
Lad os ikke drukne
i dødens bitre nød!
Herre forbarm dig!

25 Nun bitten wir den Heiligen Geist

Der Lobsang "Nu bitten wir den heiligen Geist" Martin Luther 1524

1 Nun bitten wir den Heiligen Geist
Um den rechten Glauben allermeist,
Daß er uns behüte an unserm Ende,
Wenn wir heimfahr'n aus diesem Elende.
Kyrieleis!

2 Du wertes Licht, gib uns deinen Schein,
Lehr uns Jesum Christ kennen allein,
Daß wir an ihm bleiben, dem treuen Heiland,
Der uns bracht hat zum rechten Vaterland.
Kyrieleis!

3 Du süße Lieb', schenk uns deine Gunst,
Laß uns empfinden der Liebe Brunst,
Daß wir uns von Herzen einander lieben
Und im Frieden auf einem Sinn bleiben.
Kyrieleis!

4 Du höchster Tröster in aller Not,
Hilf, daß wir nicht fürchten Schand' noch tod,
Daß in uns die Sinne doch nicht verzagen,
Wenn der Feind wird das Leben verklagen!
Kyrieleis!

Lovsangen "Nu beder vi Helligånden". Martin Luther 1524

1 Nu beder vi Helligånden
allermest om den rette tro,
så han bevarer os til det sidste,
til vi skal rejse hjem fra denne elendighed.
Herre, forbarm dig!

2 Du lovpriste Lys, giv os dit skin.
Lær os alene at kende Jesus Krist,
så vi bliver hos ham, den trofaste frelser,
som har bragt os til det rette fædreland.
Herre, forbarm dig!

3 Du kære kærlighed, skænk os din gunst.
Lad os erfare kærlighedens glød,
så vi af hjertet elsker hinanden,
Og i fred bevarer ét sind.
Herre, forbarm dig!

4 Du bedste Trøster i al nød,
hjælp os, så vi ikke frygter lidelse og død.
At vi ikke giver op,
når fjenden gør livet hårdt.
Herre, forbarm dig!

26 Nun frewt euch lieben Christen gmeyn

Ein Danklied für die höchsten Wohltaten, so
uns Gott in Christo erzeigt hat 1523

En takkesang for Guds store velgerninger
som han har vist os i Kristus

1 Nun freut euch, lieben Christen g'mein,
Und lasst uns froehlich springen,
Dass wir getrost und all in ein
Mit Lust und Liebe singen:
Was Gott an uns gewendet hat,
Und seine suesse Wunderthat,
Gar theur hat er's erworben.

1 Fryd dig nu kristne menighed,
og lad os glade springe,
at vi trøstig og alle som en
kan synge med lyst og kærlighed
om alt, hvad Gud for os har gjort,
og om det underværk så stort,
hvormed han dyrt os købte.

2 Dem Teufel ich gefangen lag,
Im Tod war ich verloren,
Mein' Suend' mich quaelet Nacht und Tag,
Darin war ich geboren,
Ich fiel auch immer tiefer d'rein,
Es war kein gut's am Leben mein,
Die Suend' hat mich besessen.

2 I Djævlens fængsel var jeg bragt
fortabt jeg var i døden.
min synd mig plagede nat og dag.
i den var jeg født.
jeg fald stadig dybere ned.
der var intet prisværdigt ved mit liv.
synden havde besat mig.

3 Mein' gute Werk' die galten nicht,
Es war mit ihm verdorben;
Der frei Will' hasset Gottes G'richt,
Er war zum Gut'n erstorben;
Die Angst mich zu verzweifeln trieb,
Dass nichts denn Sterben bei mir blieb,
Zur Hoelle musst ich sinken.

3 Min bedste gerning var intet værd.
den var besmittet.
den frie vilje hadede Guds dom.
den var død til det gode.
angsten drev mig til fortvivlelse,
så jeg kun havde døden for øje.
jeg måtte synke i helvede.

4 Da jammert's Gott in Ewigkeit
Mein Elend ueber Massen,
Er dacht' an sein' Barmherzigkeit,
Er wollt' mir helfen lassen;
Er wandt' zu mir das Vaterherz,
Es war bei ihm fuerwahr kein Scherz,
Er liess sein Bestes kosten.

4 Da ynkedes Gud i evighed
over min store elendighed.
ihukom sin barmhjertighed
og ville hjælp tilsende;
han vendte sit faderhjerte til mig.
det var så sandelig ramme alvor.
det kostede ham det dyreste af alt.

5 Er sprach zu seinem lieben Sohn:
Die Zeit ist hier zu 'rbarmen,
Fahr' hin mein's Herzens werthe Kron'
Und sei das Heil dem Armen,
Und hilf ihm aus der Suenden Noth,
Erwuerg' fuer ihn den bittern Tod
Und lass' ihn mit dir leben.

6 Der Sohn dem Vater g'horsam ward,
Er kam zu mir auf Erden,
Von einer Jungfrau rein und zart,
Er sollt' mein Bruder werden.
Gar heimlich fuehrt er sein' Gewalt,
Er ging in meiner armen G'stalt,
Den Teufel wollt' er fangen.

7 Er sprach zu mir: halt' dich an mich,
Es soll dir jetzt gelingen,
Ich geb' mich selber ganz fuer dich,
Da will ich fuer dich ringen;
Denn ich bin dein und du bist mein,
Und wo ich bleib', da sollst du sein,
Uns soll der Feind nicht scheiden.

8 Vergiessen wird er mir mein Blut,
Dazu mein Leben rauben,
Das leid' ich alles dir zu gut,
Das halt' mit festem Glauben.
Den Tod vorschlingt das Leben mein,
Mein' Unschuld traegt die Suende dein,
Da bist du selig worden.

5 Han talte til sin kære søn:
forbarmelsens tid er inde.
drag ud mit hjertes øjesten
og bliv den armes frelse.
hjælp ham ud af syndens nød.
dræb den bitre død for ham
og lad ham leve sammen med dig.

6 Sønnen var lydig mod sin far.
han kom til mig på jorden.
ved en jomfru ren og skær
blev han min bror.
han skjulte sin magt omhyggeligt
og levede i min ringe dragt,
for at fange Djævelen.

7 Han sagde: hold dig nær til mig,
så skal det lykkes for dig.
jeg giver mig selv helt for dig
og går i kamp for dig.
for jeg er din og du er min,
og hvor jeg er, der skal du bo.
fjenden skal ikke skille os ad.

8 Han vil ganske vist udgyde mit blod
og berøve mig livet,
men det lider jeg dig til gode.
hold fast på det i en stærk tro!
mit liv udrydder døden.
min uskyld borttager din skyld.
dermed er du frelst.

9 Gen Himmel zu dem Vater mein
Fahr' ich von diesem Leben,
Da will ich sein der Meister dein,
Den Geist will ich dir geben,
Der dich in Truebniss troesten soll
Und lehren mich erkennen wohl,
Und in der Wahrheit leiten.

10 Was ich gethan hab' und gelehrt,
Das sollst du thun und lehren,
Damit das Reich Gott's werd' gemehrt
Zu Lob' und seinen Ehren;
Und huet' dich vor der Menschen G'sats,
Davon verdirbt der edle Schatz,
Das lass' ich dir zur Letze.

9 Op til min far i himlen
rejser jeg fra dette liv.
da skal jeg være din mester
og sende dig ånden,
som skal trøste dig i sorgen
og lærer dig at kende mig ret
og lede dig i sandheden.

10 Hvad jeg har gjort og lært,
skal du også gøre og lære,
så Guds rige kan vokse sig stort
til hans pris og ære.
men tag dig i agt for menneskelære,
som fordærver den ædle skat.
det siger jeg dig til afsked.

27 Nun kom der heiden Heiland

Der Hymnus "Veni Redemptor gentium"
durch D. Mart. Luther verdeuscht

Hymnen "Veni Redemptor gentium" over-
sat af Martin Luther

1 Nun kom der heiden Heiland,
Der Jungfrauen Kind erkannt,
Dass sich wunder alle Welt,
Gott solch' Geburt ihm bestellt.

1 Folkefrelser kom til jord,
født som barn af en jomfru.
hele verden undrer sig
at Gud valgte denne vej.

2 Nicht von Mann's Blut noch von Fleisch,
Allein von dem heil'gen Geist
Ist Gott's Wort worden ein Mensch,
Und blueht ein Frucht Weibes Fleisch.

2 Ikke af mandens kød og blod,
men alene ved Helligånden,
er Guds eget ord blevet menneske
og blod af en kvindes kød.

3 Der Jungfrau Leib schwanger ward
Doch blieb Keuschheit rein bewahrt,
Leucht herfuer manch Tugend schon,
Gott da war in seinem Thron.

3 Jomfruens legeme blev gravid
men bevarede sin dyd så ren.
lyset stråler herfra så skønt,
Gud var her på sin trone.

4 Er ging aus der Kammer sein,
Dem koen'glichen Saal so rein,
Gott von Art und Mensch ein Held
Sein'n Weg er zu laufen eilt.

4 Han drog ud fra sit hjem
kongesalen så ren.
sand Gud og menneskehelt
ilede til sin opgave hen.

5 Sein Lauf kam vom Vater her
Und kehrt wieder zum Vater,
Fuhr hinunter zu der Hoell'
Und wieder zu Gottes Stuhl.

5 Hans løb udgik fra Faderen,
og hertil vendte han tilbage.
nedsteg til helvedesdybet
og atter op til Guds trone.

6 Der du bist dem Vater gleich,
Fuehr hinaus den Sieg im Fleisch,
Dass dein ewig Gottes G'walt
In uns das krank Fleisch enthalt.

6 Dér er du Faderens lige,
udøver din sejr i kødet,
så din evige guddomsmagt
oprejser de syge kød i os.

7 Dein' Krippen glaenzt hell und klar,
Die Nacht giebt ein neu Licht dar,
Dunkel muss nicht kommen d'rein
Der Glaub' bleibt immer im Schein.

8 Lob sei Gott dem Vater g'than,
Lob sei Gott dem ein'gen Sohn,
Lob sei Gott dem heil'gen Geist,
Immer und in Ewigkeit.

7 Krybben lyser klart og stærkt,
giver nyt lys i natten.
intet mørke kan trænge ind,
troen forbliver altid i lys.

8 Lov og pris Gud Fader stor,
lov og pris Guds egen søn,
lov og pris Guds Helligånd
nu og i al evighed!

28 Sie ist mir lieb, die werthe Magd

Ein Lied
von der heiligen Christlichen Kirchen,
Aus dem zwelfften Capitel Apocalypsis.

1 Sie ist mir lieb, die werthe Magd,
Und kann ihr'r nicht vergessen,
Lob', Ehr' und Zucht von ihr man sagt,
Sie hat mein Herz besessen.
Ich bin ihr hold,
Und wenn ich sollt
Gross Unglueck han,
Da liegt nichts an;
Sie will mich des ergoetzen
Mit ihrer Lieb' und Treu an mir,
Die sie zu mir will setzen,
Und thun all mein Begier.

2 Sie traegt von Gold so rein ein' Kron
Da leuchten ihn zivoelf Sterne,
Ihr Kleid ist wie die Sonne schoen
Das glaenzet hell und ferne,
Und auf dem Mon'
Ihr' Fuesse ston
Sie ist die Braut,
Dem Herrn vertraut,
Ihr ist weh, und muss g'baeren
Ein schoenes Kind, den edlen Sohn,
Und aller Welt ein'n Herren,
Dem sie ist unterthon.

En sang
om den hellige, kristne kirke.
Over kap. 12 i Åbenbaringsbogen

1 Hun er mig kær, den skønne tjenerinde
jeg kan ikke glemme hende
lov, ære og pris til hende skal lyde
hun har erobret mit hjerte
hun er mig kær,
og selv om jeg skulle
pådrage mig sor ulykke
betyder det intet
hun vil mig det erstatte
med sin kærlighed og troskab
som hun vil vise mod mig
og opfylde alle mine længsler

2 Af guld er hendes krone klar,
deri tolv stjerner stråler;
lig solen er den dragt, hun har,
med glans vidt over lande;
på månen så
jeg hende stå.
den Herrens brud
som han har trolovet
hun har veer og må føde
et dejligt barn, en ædel søn
og hele verdens Herre
som hun er underlagt

3 Das thut dem alten Drachen Zorn
Und will das Kind verschlingen;
Sein Loben ist doch ganz verlor'n,
Es kann ihm nicht gelingen:
Das Kind ist doch
Gen Himmel hoch
Genommen hin,
Und laesset ihn
Auf Erden fast sehr wuethen;
Die Mutter muss gar fein allein,
Doch will sie Gott behueten,
Und der recht' Vater sein.

3 Den gamle drage ser det vred,
og vil det barn opsluge;
dog har han intet held dermed,
det kan ham ikke lykkes
for Herren fløj
til himlen høj,
og lader den
på jord igen
endnu rase kraftigt en tid;
den moder må hel ensom stå,
dog Gud vil hende beskytte
og være den rette far.

29 Vater unser im Himmelreich

Das Vater unser, kurtz und gut ausgelegt, und in Gesang weise gebracht, durch D. Mart. Luther.

Fadervor udlagt kort og præcis og gjort sangbar af Dr. Martin Luther.

1 Vater unser im Himmelreich,
Der du uns alle heissest gleich
Brueder sein, und dich rufen an
Und willt das Beten von uns han:
Gieb dass nicht bet allein der Mund,
Hils dass es geh von Herzens Grund.

1 Fader vor i himmerig!
du, som vil, at vi alle
kaldes brødre, og kalder på dig
og ønsker at høre vor bønner,
hjælp, at ej vi med munden kun
bede må, men af hjertens grund!

2 Geheiligt werd der Name dein,
Dein Wort bei uns hilf halten rein,
Dass auch wir leben heiliglich,
Nach deinem Namen wuerdiglich.
Behuet uns, Herr, fuer falscher Lehr,
Das arm verfuehret Volk bekehr.

2 Helliget blive dit navn!
hjælp os at holde ordet rent;
så vi også lever helligt,
værdigt efter dit navn;
beskyt os Herre for falsk lære,
omvend det arme forførte folk!

3 Es komm dein Reich zu dieser Zeit
Und dort hernach in Ewigkeit;
Der heilig Geist uns wohne bei,
Mit seinen Gaben mancherlei;
Des Satans Zorn uns gross Gewalt
Zerbrich, fuer ihm dein' Kirch' erhalt.

3 Komme dit rige i denne tid,
og senere i evighed!
giv os alle din Helligånd
med hans gaver så mange slags;
knus al Djævelens magt og vold,
og din kirke trods ham ophold!

4 Dein Will gescheh', Herr Gott, zugleich
Auf Erden wie im Himmelreich,
Gib uns Geduld in Leidenszeit,
Gehorsam sein in Lieb und Leid,
Wehr und steu'r allem Fleisch und Blut,
Das wider deinen Willen thut.

4 Ske din vilje samtidig på jorden,
som i himlen den sker hos dig!
giv os tålmodighed i lidelser
lydighed i modgangstid
styr, o Herre, alt kød og blod,
som dig trodser og gør imod!

5 Gib uns beut unser taeglich Brot
Und was man darf zur Leibes Noth;
Behuet uns, Herr, fuer Unfried, Streit,
Fuer Seuchen und fuer theuer Zeit,
Dass wir in gutem Frieden stehn
Der Sorg und Geizens muessig gehen.

6 All unser Schuld' vergib uns, Herr,
Dass sie uns nicht betrueben mehr,
Wie wir auch unsern Schuldigern
Ihr Schuld und Fehl vergeben gern;
Zu dienen mach uns all bereit
In rechter Lieb und Einigkeit.

7 Fuehr uns, Herr, in Versuchung nicht,
Wenn uns der boese Feind ansicht
Zur linken und zur rechten Hand,
Hilf uns thun starken Widerstand;
Im Glauben fest und wohlgeruest't
Und durch des heil'gen Geistes Trost.

8 Von allem Uebel uns erloes,
Es sind die Zeit und Tage boes;
Erloes uns vom wiegen Tod
Und troest uns in der letzten Noth.
Bescher uns auch ein selig's End,
Nimm unser Seel in deine Hand'.

9 Amen, das ist: es werde wahr;
Staerk unsern Glauben immerdar,
Auf dass wir ja nicht zweifeln dran,
Dass wir hiermit gebeten han;
Auf dein Wort in dem Namen dein,
So sprechen wir das Amen fein.

5 Giv vort daglige brød i dag!
og hvad kroppen har brug for
fri os, Herre, fra ufred og strid,
fra hunger og fra dyrtid
lad os leve vor tid i fred
uden frygt eller gerrighed!

6 Forlad os al vor skyld Herre,
så de ikke mere tynger os ned
som også vi vore skyldnere
gerne tilgiver skyld og fejl,
til at tjene gør os helt beredt,
i sand kærlighed og enighed!

7 Led i fristelse os ikke ind!
når den onde fjende angriber os
både fra venstre og højre
hjælp os yde stor modstand
fast og godt rustet i tro
og ved Helligåndens trøst.

8 Fra alt onde os befri!
onde tider vi leve i;
forløs os fra den evige død,
og trøst os i vor sidste nød;
skænk os også en salig død!
modtag vor ånd i din hånd!

9 Amen: ja sandt det betyder!
styrk altid vor tro,
at vi aldrig må tvivle derpå!
at vor bøn bliver hørt
på dit ord og i dit navn,
så tør vi synge vort amen frit.

30 Verleih' uns Frieden gnaediglich

Da pacem Domine, deudsch.

Verleih' uns Frieden gnaediglich,
Herr Gott, zu unser'n Zeiten,
Es ist doch ja kein Ander' nicht,
Der fuer uns koennte streiten,
Denn du, unser Gott alleine.

Den latinske "Herre giv os fred" oversat

Forund os Herre, i miskundhed,
at vi må leve vor tid i fred,
for ingen andre, end du,
mægter for os at stride nu,
end du, vor Gud alene.

31 Von Himel hoch

Ein Kinderlied, auff die Weihenachten,
vom Kindlein Jhesu. Aus dem II. Cap. des
Euangelii S. Lucas gezogen. D. Mart. Lu-
ther (1534)

En børnesang
til vuggenatten om barn Jesus.
Over teksten i Lukasevangeliet kap. 2
Dr. Martin Luther (1534)

1 Vom Himmel hoch da komm' ich her,
Ich bring' euch gute neue Mär,
Der guten Mär bring ich so viel,
Davon ich sing'n und sagen will.

1 Fra Himlen højt kommer jeg her.
At bringe jer gode nyheder.
Alle disse gode nyheder
vil jeg synge og fortælle om.

2 Euch ist ein Kindlein heut' geborn,
Von einer Jungfrau auserkor'n,
Ein Kindelein so zart und fein,
Das soll eur' Freud' und Wonne sein.

2 For jer er et barn født i dag.
Af en udvalgt jomfru.
Et spædbarn så rent og fint.
Det skal være jeres glæde og fryd.

3 Es ist der Herr Christ, unser Gott,
Der will euch führn aus aller Not,
Er will eu'r Heiland selber sein,
Von allen Sünden machen rein.

3 Det er Herren Krist, vor Gud.
Han vil fri jer ud af al nød.
Han skal selv være jeres frelser
og rense jer fra alle synder.

4 Er bringt euch alle Seligkeit,
Die Gott, der Vater, hat bereit,
Daß ihr mit uns im Himmelreich
Sollt leben nu und ewiglich.

5 So merket nu das Zeichen recht:
Die Krippen, Windelin so schlecht,
Da findet ihr das Kind gelegt,
Das alle Welt erhält und trägt.

6 Des laßt uns alle fröhlich sein
Und mit den Hirten gehn hinein,
Zu sehen, was Gott uns hat beschert,
Mit seinen lieben Sohn verehrt.

7 Merk auf, mein Herz, und sieh dorthin:
Was liegt doch in dem Krippelin?
Wes ist das schöne Kindelin?
Es ist das liebe Jesulin.

8 Bis willekomm, du edler Gast,
Den Sünder nicht verschmähet hast
Und kommst ins Elend her zu mir,
Wie soll ich immer danken dir?

9 Ach Herr, Du Schöpfer aller Ding',
Wie bist du worden so gering,
Daß du da liegst auf dürrem Gras,
Davon ein Rind und Esel aß.

10 Und wär die Welt vielmal so weit,
Von Edelstein und Gold bereit't,
So wär' sie doch dir viel zu klein,
Zu sein ein enges Wiegelein.

4 Han bringer jer alle den frelse,
som Faderen har beredt.
I Himmerige sammen med os
skal I derfor leve nu og i evighed.

5 Læg derfor godt mærke til tegnet:
I krybben i ringe svøb
finder I barnet lagt,
som bærer og opholder alt.

6 Så lad os da alle glæde os
og gå med hyrderne til barnet ind,
at se, hvad Gud har gjort for os.
Skænket os sin kære Søn.

7 Giv agt mit hjerte og se nu her:
Hvem ligger dér i krybben?
Hvem er det skønne lille barn?
Det er den kære Jesu Lil.

8 Vær velkommen, du ædle gæst,
som ingen synder afvist har.
Du kom til min elendighed.
Hvordan skal jeg dog takke dig?

9 O, Herre, alle tings skaber,
hvordan er du blevet så fattig,
at du nu ligger på hø,
som køer og æsler spiser af?

10 Og var verden end nok så stor
og smykket med guld og ædelsten,
så var den dog alt for lille til
at være en vuggeseng til dig.

11 Der Sammet und die Seiden dein,
Das ist grob Heu und Windelein,
Darauf du König so groß und reich
Her prangst, als wär's dein Himmelreich.

11 I stedet for fløjl og silke
ligger du på hø i simpelt svøb.
Herfra dog stråler du rent og fint,
Som var det, o konge, dit Himmerige.

12 Das hat also gefallen dir,
Die Wahrheit anzuzeigen mir,
Wie aller Welt Macht, Ehr' und Gut
Vor dir nichts gilt, nichts hilft noch tut.

12 Det har altså behaget dig,
at fortælle mig sandheden.
At al verdens magt, ære og guld
Intet tæller, hjælper og virker hos dig.

13 Ach, mein herzliches Jesulin,
Mach dir ein rein sanft Bettelin,
Zu ruhen in meins Herzen Schrein,
Daß ich nimmer vergesse dein.

13 O, min kære Jesu Lil
bered dig en ren, blød barneseng,
så du kan hvile i mit hjertes skrin,
så jeg aldrig glemmer din vugge.

14 Davon ich allzeit fröhlich sei,
Zu springen, singen immer frei
Das rechte Susaninne schon,
Mit Herzenslust den süßen Ton.

14 Derfor vil jeg altid være glad
og hoppe og synge så frit
den rette, smukke vuggesang
med hjertens lyst og sød musik.

15 Lob, Ehr' sei Gott im höchsten Thron,
Der uns schenkt seinen ein'gen Sohn,
Des freuen sich der Engel Schar
Und singen uns solch neues Jahr.

15 Pris og ære være Gud i det høje,
som skænkede os sin egen søn.
Det fryder hele engleskaren,
Som udråber et: Godt Nytår.

32 Von Himmel kam der Engel schaar

Ein ander Christlied, im vorigen Thon
(Von Himel hoch).
Mart. Luther

En anden Kristussang, på samme melodi,
som den forrige (Von Himel hoch).
Mart. Luther

1 Von Himmel kam der Engel schaar,
Erschien den Hirten offenbar;
Sie sagten ihn: Ein Kindlein zart
Das liegt dort in der Krippen hart.

1 Fra himlen kom Guds englehær,
for hyrderne de åbenbarede sig
fortalte dem: i krybben hist,
et barn så spædt er nu at se.

2 Zu Bethlehem in Davids Stadt,
Wie Micha das verkuendet hat,
Es ist der Herre Jesus Christ
Der euer aller Heiland ist.

2 I Betlehem, i Davids stad,
som Mika alt har varslet glad,
der er nu født den Herre Krist;
frelser han er for jeres alle.

3 Des sollt ihr billig froehlich sein,
Dass Gott mit euch ist worden ein;
Er ist gebor'n eu'r Fleisch und Blut,
Eu'r Bruder ist das ewig Gut.

3 Det bør gøre jer glade,
at Gud med jer er blevet ét;
som jeres broder fødes lod
sig Gud i jeres kød og blod.

4 Was kann euch thun die Suend' und Tod?
Ihr habt mit euch den wahren Gott.
Lasst zuernen Teufel und die Hoell'
Gott's Sohn ist 'worden eu'r Gesell.

4 Hvad gør da synd og død jer mer?
den sande Gud er nu med jer,
lad djævel og helved vredes
Guds Søn er blevet jeres slægtning.

5 Er will und kann euch lassen nicht,
Setz't ihr aus ihn eu'r Zuversicht;
Es moegen euch viel fechten an
Dem sei Trotz, der's nicht lassen kann.

5 Han svigte hverken vil eller kan;
på ham kan i sætte al jeres lid
så lad nu komme kun, hvad vil,
hans overmand er dog ej til.

6 Zuletzt muss ihr doch haben recht,
Ihr seid nun 'worden Gott's Geschlecht;
Dess danket Gott in Ewigkeit,
Geduldig, froehlich, alle Zeit.

6 Til sidst skal I dog retten få,
I er nu blevet i slægt med Gud.
så tak nu Gud i evighed
tålmodig, trøstig, hver en tid!

33 Was fuercht'st du, Feind Herodes, sehr

Der Hymnus "Hostis Herodes",
im Thon "A solis ortus".

Hymnen "Hostis Herodes"
på samme melodi som "A solis ortus".

1 Was fuercht'st du, Feind Herodes, sehr,
Dass uns gebor'n kommt Christ der Herr?
Er sucht kein sterblich Koenigreich,
Der zu uns bringt sein Himmelreich.

1 Fjende Herodes, hvorfor frygter du
den Herre Krist, som fødtes nu?
han søger ej slig jordisk magt,
men os har han Guds rige bragt.

2 Dem Stern die Weisen folgen nach,
Solch' Licht zum rechten Licht sie bracht';
Sie zeigen mit den Gaben drei,
Dies Kind, Gott, Mensch, und Koenig sei.

2 Ved stjernen vej de vise fandt,
det lyste dem til det rette lys hen;
og gaver tre de til ham bar
Gud, mand og drot var dette barn.

3 Die Tauf' im Jordan an sich nahm
Das himmelische Gottes Lamm,
Dadurch, der nie kein' Suende that,
Von Suenden uns gewaschen hat.

3 Det himmelske Guds lam,
påtager sig dåben i Jordans flod:
selv uden synd, har han dermed
skyllet alle vor synder væk.

4 Ein Wunderwerk da neu geschah;
Sechs steinern' Kruege man da sah
Voll Wasser, das verlor sein Art,
Rother Wein durch sein Wort d'raus ward.

4 En undergerning nu man så:
seks stenkar ved et bryllup stå,
deri var vand, men Herren bød,
og fluks var vandet vin så rød.

5 Lob, Ehr' und Dank fei dir gesagt,
Christ, gebor'n von der reinen Magd,
Mit Vater und dem heiligen Geist
Von nun an bis in Ewigkeit.

5 Tak, Herre Kristus, at du kom,
født af en jomfru ren og from!
lov, pris Gud Fader og Helligånd
fra nu og til evig tid!

34 Wer Gott nicht mit uns diese Zeit

Der CXXIIII. Psalm "Nisi quia Dominus." Salme 124: "Hvis ikke Herren".

1 Wer Gott nicht mit uns diese Zeit,
So soll Israel sagen,
Wer Gott nicht mit uns diese Zeit,
Wir hetten musst verzagen:
Die so ein armes Heuflein sind,
Veracht von so viel Menschen Kind,
Die an uns setzen alle.

2 Auf uns ist so zornig ihr Sinn,
Wo Gott het das zugeben,
Verschlungen hetten sie uns hin
Mit ganzem Leib und Leben.
Wir waer'n als die ein' Fluth ersaeuft
Und ueber dei gross' Wasser laeuft
Und mit Gewalt verschwemmet.

3 Gott Lob und Dank, der nicht zugab,
Dass ihr Schlund uns moecht' fangen,
Wie ein Vogel des Stricks kommt ab,
Ist unser' Seel' entagangen.
Strick ist entzwei, und wir sind frei,
Des Herren Namen steht uns bei,
Des Gott's Himmels und Erden.

1 Var Herren ikke med os nu,
o Israel, så tale du:
var Herren ikke med os nu
da måtte vi forsage
som de, der er så få i tal,
foragtet af så mange
der alle er imod os.

2 Så grumt et had de til os har,
hvis Gud gav dem lov,
enhver af os de slugte
med legeme og sjæl.
vi var som druknet i en flod
over hvem det stor hav brød løs
og med vold oversvømmet.

3 Gud ske lov at han forbød
at deres fældes fangede os.
som fuglen fri af snaren
er vore sjæle undsluppet
ja snaren brast, og vi er fri,
Herren navn stos os bi
himlen og jordens Gud.

35 Wir glauben All' an einen Gott

Das Deudsche Patrem. D. Mart. Luther

Trosbekendelsen oversat fra latin

1 Wir glauben All' an einen Gott,
Schoepfer Himmels und der Erden,
Der sich zum Vater geben hat,
Dass wir seine Kinder werden.
Er will uns allzeit ernaehren,
Leib und Seel' auch wohl bewahren,
Allem Unfall will er wehren,
Kein Leid soll uns widerfahren,
Er sorget fuer uns, huet't und wacht,
Es steht Alles in seiner Macht.

1 Vi tror alle på én Gud,
himlen og jordens skaber;
som er blevet vor far;
så vi kunne blive hans børn
dagligt brød han altid os giver,
sjæl og legeme bevare
alle ulykker afværge
ingen nød skal møde os
han sørger for os, holder vagt og våger
Alt står i hans magt.

2 Wir glauben auch an Jesum Christ,
Seinen Sohn und unser'n Herren,
Der ewig bei dem Vater ist,
Gleicher Gott von Macht und Ehren,
Von Maria der Jungfrauen
Ist ein wahrer Mensch geboren
Durch den heil'gen Geist im Glauben,
Fuer uns, die wir war'n verloren,
Am Kreuz gestorben, und vom Tod
Wieder auferstanden durch Gott.

2 Vi tror også på Jesus Krist,
Guds enbårne søn, vor Herre,
Der evigt er hos Faderen
lig Gud i magt og ære
af Jomfru Maria
blev han født som sandt menneske
ved Helligånden i troen
for os, som var fortabte
døde han på korset, men fra døden
er han genopstanden ved Gud.

3 Wir glauben an den heil'gen Geist,
Gott mit Vater und dem Sohne,
Der aller Bloeden Troester heisst
Und mit Gaben zieret schoene
Die ganz' Christenheit auf Erden,
Haelt in einem Sinn gar eben,
Hie all' Suend' vergeben werden,
Das Fleisch soll auch wieder leben.
Nach diesem Elend ist bereit
Uns ein Leben in Ewigkeit.

3 Vi tror på Helligånden,
sand Gud med Fader og Søn
han er trøster for alle svage
og smykker med skønne gave
hele kristenheden på jord
giver alle samme sind
her hvor alle synd er forladt
legemet skal også leve på ny
beredt efter denne elendighed
er os livet i al evighed.

36 Wol dem, der in Gottes furcht steht

Der CXXVIII. Psalm
"Beati omnes qui timent Dominum."

Salme 128:
"Lykkelig hver den, der frygter Herren".

1 Wol dem, der in Gottes furcht steht,
Und der auf seinem Wege geht;
Dein eigen Hand dich naehren soll,
So lebst du recht und geht dir wohl.

1 Vel den, som frygter Gud,
og går på Herrens veje:
din egen hånd dig nære må,
gør så, da skal det vel dig gå.

2 Dein Weib wird in dei'm Hause sein
Wie ein' Reben voll Trauben fein,
Und dein' Kinder um deinen Tisch
Wie Oelpflanzen, gesund und frisch.

2 Din hustru skal blomstre i dit hjem,
som et vintræ fuld af druer,
dine børn omkring dit bord
som friske og sunde olietræer.

3 Sich so reich Segen haengt dem an,
Wo in Gottes Furcht lebt ein Mann,
Von ihm laesst der alt' Fluch und Zorn,
Den Menschenkindern angebor'n.

3 Så rigt velsignes den,
som lever gudfrygtigt;
fra forbandelsen og vreden går han fri,
som Adams børn blev født med.

4 Aus Zion wird Gott segnen dich,
Dass du wirst schauen stetiglich
Das Glueck der Stadt Jerusalem,
Fuer Gott in Gnaden angenehm.

4 Fra Zion skal Gud velsigne dig
så du bestandig skal skue
Byen Jerusalems lykke;
stå i nåde for Gud.

5 Fristen wird er das Leben dein
Und mit Guete stets bei dir sein,
Dass du sehen wirst Kindes Kind
Und dass Israel Friede findt.

5 Gud dit liv opholde vil,
og lægge nye glæder til,
så du skal se børnebørn
og opleve Israels fred.

Nun treiben wir den Babst hinaus - Nu vil vi drive Paven ud

(Ein Lied vom Babst. 1524 - WA 35, 569 – forfatterskabet er usikkert)

Ein Lied für die Kinder, damit sie zu Mitterfasten den Pabst aus treiben

En sang for børnene, som de ved midfaste kan uddrive Paven med.

1 Nun treiben wir den Babst hinaus,
Aus Christus kirch und Gottes haus,
Darin er mörtlich hat regiert,
Unzehlich viel seelen verfürt.

1 Nu vil vi drive Paven ud
af Kristi kirke og Guds hus,
hvori han hersket har med vold
Sjæle utallige forført.

2 Troll dich aus, du verdamter son,
Du rote braut von Babylon,
Du bist der greul und Antichrist,
Voll lügen, mords und arger list.

2 Forføj dig du fordømte søn
du røde babylonske brud!
du er den lede Antikrist
fuld af løgn, mord og list.

3 Dein ablaßbrief, bull und decret
Leit nun versigelt im secret1,
Damit stalst du der welt ir gut
Und schendst dardurch auch Christus blut.

3 Din bulle, lov og afladsbrev
på møddingen udkastet blev;
ved dem du stjal alverdens guld
og skændede derved også Kristi blod.

4 Der römisch götz ist ausgethan,
Den rechten Babst wir nemen an,
Das ist Gott Son, der fels und Christ,
Auf dem sein kirch erbauet ist.

4 Fra Roms afgud vi nu fri,
den rette pave vælger vi,
Guds Søn, vor klippe og Krist,
som hans kirke er bygget på.

5 Der ist der rechte priester zart,
Vom kreuz er aufgeopfert ward,
Sein blut vor unser sünd vergoß,
Recht ablaß aus sein wunden floß.

5 Han er den rette, gode præst
som på korset ofret blev
sit blod han for vor synd udgød,
sand aflad af hans sår her flød.

6 Sein kirch er durch sein wort regiert,
Gott vater selbs, der in vestiert,
Er ist das haupt der Christenheit,
Dem sei lob, preis in ewigkeit.

6 Han styrer Kirken ved sit Ord,
Gud Fader gav det i hans magt,
som hoved for sin kristenhed,
Ham være pris i evighed!

7 Es geht ein frischer sommer herzu,
Verleih uns, Christus, freud und ru,
Bescher uns, Herr, ein selig jar,
Vor Babst und Türken uns bewar.

Auff dem widerwege zu singen:
8 Der Bapst und Grewel ist außgetriben,
Christus bringt uns den sommer wider,
Den sommer und auch den Meyen,
der Bluemlin mancherleye.

9 Die Bluemlin sind sein wort und lehr,
die hat er uns geschenckt wider,
Sie richen wol und sind gar schön
und machen uns jm angenem.

10 Sie zeigen uns, das wir sint from
durch disen mitler und patron,
Und das wir sind die erben sein
durch sein marter und schwere pein.

11 Dem sol wir altzeit danckbar sein,
in preisen und dienen allein
Für solche liebe Sommerzeit,
die er lest scheinen fern und breit.

12 Wir dancken dir und loben dich,
das du uns so genediglich
Erlöst und hast gemachet rein
Von Bapsts lugen und falschem1 schein.

13 Es geht ein frischer sommer herzu,
verley uns Christus fried und ruh,
Bescher uns, Herr, ein seligs jar,
vorm Bapst und Tuercken vns bewar.

7 Nu går den friske sommer ind,
Krist unde os blot fred og ro,
skænk os endnu et dejligt år,
bevar os fra pave og muslim!

At synge på tilbagevejen:
8 Paven og hans møg er drevet ud,
Kristus bringer os atter sommer,
Sommeren og forårsmaj,
med alle slags blomster.

9 Blomsterne er hans ord og lære,
som han atter gav os tilbage,
De dufter godt og er så smukke
og gør os yndige for Gud.

10 De viser os, at vi er fromme
ved denne midler og beskytter,
og at vi er hans arvelod
ved hans smerter og pinefulde død.

11 Det skal vi altid takke for,
alene prise og tjene ham,
for denne skønne sommertid
som han lader skinne vidt og bredt.

12 Vi takker dig og lover dig,
at du så nådigt har
forløst og renset os
fra pavens løgn og falske skin.

13 Nu går den friske sommer ind,
Krist unde os blot fred og ro,
skænk os endnu et dejligt år,
bevar os fra pave og muslim!

Martin Luthers sange i Den Danske Salmebog

Martin Luther

Den store Luther-serie